AFFAIRE DU LUXEMBOURG.

AFFAIRES ÉTRANGÈRES.

DOCUMENTS DIPLOMATIQUES.

AFFAIRE DU LUXEMBOURG.

1867.

N° IX.

PARIS.

IMPRIMERIE IMPÉRIALE.

M DCCC LXVII.

AFFAIRE DU LUXEMBOURG.

Le Baron de Tornaco, Ministre d'État du Grand-Duché de Luxembourg,

   au Comte de Perponcher, Ministre de Prusse à la Haye.

23 juin 1866.

Monsieur le Comte de Perponcher, le Secrétaire du Roi pour les affaires du Grand-Duché de Luxembourg m'a fait part de la communication verbale de Votre Excellence relative à la cessation demandée des rapports du Grand-Duché de Luxembourg avec la Diète germanique.

Mon télégramme en date d'hier a déjà provoqué auprès de Votre Excellence une démarche préalable de M. d'Olimart. Par suite d'une instruction reçue du Loo, je crois devoir y ajouter quelques explications.

Les dispositions de l'article 3 du Traité conclu à Vienne le 31 mai 1815 et de l'article 67 de l'Acte du Congrès de Vienne du 9 juin 1815, qui déclarent la forteresse de Luxembourg forteresse fédérale, ont été complétées et confirmées par la Convention entre le Roi des Pays-Bas et le Roi de Prusse conclue à Francfort-sur-le-Mein le 8 novembre 1816. L'article 4 de cette Convention porte ce qui suit :

« L'article 3 du Traité conclu à Vienne le 31 mai 1815 et l'article 67 de l'Acte du Congrès de Vienne ayant stipulé que la forteresse de Luxembourg serait considérée comme forteresse de la Confédération germanique, cette disposition est maintenue et expressément confirmée par la présente Convention. »

« Cependant Sa Majesté le Roi des Pays-Bas, agissant en sa qualité de Grand-Duc de Luxembourg, et Sa Majesté le Roi de Prusse voulant adapter le reste des dispositions desdits articles aux changements survenus par le Traité de Paris du 20 novembre 1815 et pourvoir de la manière la plus efficace à la défense de leurs États respectifs, Leurs Majestés sont convenues de tenir garnison commune dans la forteresse de Luxembourg, sans que cet arrangement, fait uniquement sous le rapport militaire, puisse altérer en rien le droit de souveraineté de Sa Majesté le Roi des Pays-Bas, Grand-Duc de Luxembourg, sur la ville et la forteresse de Luxembourg. »

La situation créée par la Convention de 1816 a été modifiée par la Convention conclue le 17 novembre 1856 entre le Roi des Pays-Bas et le Roi de Prusse, Convention qui a été approuvée par la résolution fédérale du 26 février 1857. D'après cette Convention, la Prusse fournit une partie des troupes qui forment le contingent du Grand-Duché dans la composition de la garnison de la forteresse, et le Roi des Pays-Bas cède au Roi de Prusse le droit de tenir garnison exclusive à Luxembourg en temps de paix.

La présence de troupes prussiennes à Luxembourg repose donc sur des Conventions spéciales approuvées par la Diète, et prises en exécution de dispositions qui forment la base des arrangements fédéraux. Comme la Prusse a déclaré le lien fédéral rompu, il est permis de se demander comment elle considère désormais la position de ses troupes dans la forteresse de Luxembourg, qui s'y trouvaient jusqu'à ce jour uniquement comme troupes fédérales.

D'après les ordres de Sa Majesté le Roi Grand-Duc, j'ai l'honneur d'adresser cette demande à Votre Excellence et de la prier de bien vouloir me faire connaître la décision de son Gouvernement.

Veuillez agréer, etc.

Le Ministre d'État, Président du Gouvernement,

Signé Baron V. DE TORNACO.

Le Baron de Tornaco

au Comte de Perponcher.

2 juillet 1866.

Monsieur le Comte de Perponcher, je me suis empressé de soumettre à Sa Majesté le Roi Grand-Duc la note que Votre Excellence m'a fait l'honneur de m'adresser le 1ᵉʳ juillet courant, en réponse à la mienne du 23 juin dernier, concernant la position de la garnison prussienne à Luxembourg depuis que le Gouvernement de Prusse a déclaré rompu le lien fédéral.

Sa Majesté le Roi Grand-Duc ayant daigné approuver les vues et les propositions émises au sujet de cette question par le Gouvernement grand-ducal, je suis chargé de faire à Votre Excellence la réponse suivante :

Le Gouvernement du Roi Grand-Duc ne peut pas admettre la solution donnée par le Cabinet de Berlin à la question soulevée dans ma note du 23 juin dernier; il estime que cette solution repose sur une interprétation inexacte des traités européens et des arrangements particuliers qui se rapportent à la garnison de la forteresse de Luxembourg. En effet, la ville de Luxembourg a été déclarée forteresse fédérale par les conventions « antérieures » au Traité du 8 novembre 1816, sur lequel le Gouvernement de Prusse fonde ses prétentions; ce sont :

L'article 3 du Traité conclu à Vienne le 31 mai 1815 entre les Pays-Bas et la Prusse;

L'article 67 de l'Acte du Congrès de Vienne du 9 juin 1815 et l'article 10 du Protocole de Paris des 3-20 novembre 1815.

Les deux premières de ces dispositions déclarent la ville de Luxembourg, sous le rapport militaire, forteresse de la Confédération, et accordent au Roi Grand-Duc le droit de nommer le gouverneur et le commandant militaire de la forteresse, « en réservant toutefois l'approbation du pouvoir exécutif de la Confédération et telles autres conditions qu'il sera jugé nécessaire d'établir, en conformité de la constitution future de ladite Confédération. »

Par la dernière disposition, la déclaration susdite a été réitérée à Leurs Majestés. L'Empereur d'Autriche, l'Empereur de toutes les Russies et Sa Majesté le Roi de la Grande-Bretagne se sont, en outre, engagés à employer leurs meilleurs offices pour faire obtenir à Sa Majesté le Roi de Prusse le droit de garnison dans la place de Luxembourg, conjointement avec Sa Majesté le Roi des Pays-Bas, ainsi que le droit de nommer le gouverneur de cette place.

Il a été donné suite à ces différentes stipulations par le Traité du 8 novembre 1816, dont l'article 4 maintient et confirme toutes les dispositions d'après lesquelles la place de Luxembourg doit être considérée comme forteresse de la Confédération.

Le Traité de 1816 n'est donc que la conséquence des traités antérieurs, sans lesquels il ne serait pas intervenu. Il en résulte que la présence d'une garnison prussienne à Luxembourg n'est conciliable avec les traités qu'en tant que ladite garnison est considérée comme troupe fédérale. Ce qui le prouve encore plus clairement, c'est la disposition finale de l'article 37 du Récès territorial de Francfort, du 20 juillet 1819, portant que le gouverneur et le commandant de la forteresse de Luxembourg, dont la nomination a été concédée à la Prusse par l'article 5 du Traité du 8 novembre 1816, doivent prêter serment à la diète.

Bien que ce ne soit que le 5 octobre 1820 que la Diète germanique a pris une résolution formelle, en vertu de laquelle elle a déclaré vouloir se charger des forteresses par rapport aux travaux de réparation et à leur administration, il importe cependant de faire remarquer qu'il a déjà été question de l'obligation de l'entretien de la forteresse de Luxembourg dans l'article 16 du Traité du 8 novembre 1816, et que les parties contractantes ont reconnu en principe que cet entretien, exigé dans un intérêt commun, devait être considéré comme une charge incombant à toute la Confédération.

C'est en vertu des principes consacrés par les dispositions précitées que la Convention du 17 novembre 1856, modificative de la situation créée par la Convention du 8 novembre 1816, réserve dans son article 4 l'approbation de la Diète. Cette approbation est inter-

venue par la résolution fédérale du 26 février 1857, comme elle a
toujours dû intervenir pour les arrangements concernant la composition des garnisons dans les forteresses fédérales.

Le Gouvernement du Roi Grand-Duc estime que, dans les circonstances actuelles, un débat ultérieur sur la question soulevée peut être
ajourné, mais croit de son devoir de faire dès à présent toutes réserves
et protestations qui découlent des observations qui précèdent.

Veuillez agréer, etc.

Le Ministre d'État, Président du Gouvernement,
Signé Baron DE TORNACO.

M. LE BARON DE LA VILLESTREUX, CHARGÉ D'AFFAIRES DE FRANCE à la
Haye,

à M. le Marquis DE MOUSTIER, Ministre des Affaires étrangères.

La Haye, le 4 novembre 1866.

Monsieur le Marquis, la session du Grand-Duché de Luxembourg
vient d'être ouverte par le Prince Henri des Pays-Bas, Lieutenant du
Roi. J'ai l'honneur d'envoyer à Votre Excellence le discours prononcé
par Son Altesse Royale.

Votre Excellence remarquera que le Prince déclare : 1° que les traités
de 1815 sont abrogés; 2° que le Grand-Duché désire conserver son
indépendance, et 3° que le Gouvernement du Grand-Duché considère
que, par suite de la dissolution de la Confédération germanique, la
ville de Luxembourg ayant cessé d'être forteresse fédérale, la Prusse
ne saurait faire valoir aucun droit à l'occuper.

L'attitude énergique du Gouvernement luxembourgeois depuis les
derniers événements en Allemagne et les manifestations des populations semblent aux hommes d'État de ce pays appelées à produire une
certaine impression à Berlin. D'après eux, la Prusse se montrerait déjà
moins disposée à pousser le Luxembourg à faire partie de la nouvelle

Confédération du Nord, tout en maintenant encore ses prétentions à occuper la forteresse.

Quant au Limbourg, le Gouvernement néerlandais s'attend à voir la Prusse reconnaître que sa libération est nettement établie par suite de la cessation du Pacte fédéral.

Veuillez agréer, etc.

Signé La Villestreux.

M. Baudin, Ministre de France à la Haye,
    au Ministre des Affaires étrangères.

La Haye, le 10 novembre 1866.

Monsieur le Marquis, M. le Baron de Tornaco, président du Gouvernement grand-ducal, a communiqué à l'assemblée des États luxembourgeois une grande partie de la correspondance à laquelle ont donné lieu les négociations avec la Prusse. Cette publication me paraît compléter, sur la question qui intéresse en ce moment le Grand-Duché, les informations transmises antérieurement à Votre Excellence par la légation de l'Empereur. Il résulte de ces documents que si les pourparlers entamés au mois de juin dernier entre le Cabinet de Berlin et le Gouvernement grand-ducal ont dégagé momentanément le Luxembourg de tout lien fédéral, ils n'ont encore amené aucun résultat pour ce qui touche au droit d'occuper la forteresse. On pense, toutefois, que le retour prochain du Ministre de Prusse à la Haye est de nature à hâter la reprise des négociations. C'est en vue d'amener ce résultat qu'aurait été écrite, m'assure-t-on, la dépêche luxembourgeoise du 12 octobre, que M. le Baron de Tornaco s'est borné à signaler et que le Cabinet de Berlin a laissée jusqu'ici sans réponse.

Veuillez agréer, etc.

Signé Baudin.

Le Ministre des Affaires étrangères

au Ministre de France à la Haye.

Paris, le 27 février 1867.

Monsieur, la Cour de la Haye a chargé son représentant à Paris d'exposer au Gouvernement de l'Empereur la situation des Pays-Bas dans leurs rapports avec la Prusse, et, conformément à ses instructions, M. Lightenvelt m'a remis une communication dont je crois utile de vous faire connaître la substance.

M. le Comte de Zuylen commence par rappeler dans ce document l'attitude que le Gouvernement des Pays-Bas a gardée pendant la dernière guerre. Partant de ce principe qu'un conflit armé entre les confédérés était contraire à l'esprit du pacte fédératif, il constate que, du jour où les hostilités avaient commencé, la Confédération germanique avait cessé d'exister de droit aussi bien que de fait. Il en était résulté une double conséquence pour la Hollande : d'une part, elle voyait également s'éteindre les obligations que lui imposait le Traité du 19 avril 1839; de l'autre, elle pouvait être admise à faire valoir des prétentions sur les propriétés fédérales dont la liquidation avait été prescrite par le Traité du 23 août 1866.

Désirant, toutefois, rester en dehors des contestations qui peuvent se produire à cette occasion, et préoccupé, avant tout, de constater que les affaires de l'Allemagne lui étaient dorénavant complétement étrangères, le Gouvernement néerlandais avait proposé, dès le mois d'octobre, au Cabinet de Berlin un arrangement aux termes duquel la Hollande aurait renoncé à la part qu'elle pouvait revendiquer dans le partage des propriétés fédérales, l'Allemagne renonçant de son côté, par le même acte, à toute réclamation basée sur les liens que la guerre venait de dissoudre.

Après avoir évité longtemps de répondre à ces ouvertures, M. le Comte de Bismarck aurait fini par déclarer qu'il ne pouvait se placer au même point de vue que le Cabinet de la Haye, et que le Gouvernement prussien réserverait la solution de cette question au Parlement de l'Allemagne du Nord.

Le Gouvernement des Pays-Bas, du reste, ne se montre nullement surpris d'une réponse que divers incidents, en dehors de l'attitude de la presse officieuse prussienne, étaient, dit-il, de nature à lui faire pré-voir. Le Cabinet de la Haye semble craindre que la Prusse, ne se contentant pas des facilités que son commerce rencontre, soit en Hollande, soit dans les Colonies néerlandaises, ne se base sur une certaine communauté de race et sur la situation géographique des Pays-Bas pour désirer une position exceptionnelle et en arriver à une intime alliance dont le résultat serait de compléter son système commercial et militaire, surtout au point de vue maritime.

En présence d'aspirations de cette nature de la part d'un Gouvernement qui avait donné des preuves si notoires de la rapidité de ses résolutions et de son action, il était de la plus haute importance, pour le Cabinet de la Haye, de savoir quelle serait l'attitude de la France dans le cas où, sans aucune provocation, la Hollande viendrait à être menacée du côté de l'Allemagne.

La communication qui m'a été remise par M. Lightenvelt était de nature à attirer toute notre sollicitude, et je vous prie de vous attacher, dans une conversation avec le Ministre des Affaires étrangères, à approfondir ce qu'il peut y avoir de réel dans les craintes manifestées par le Gouvernement hollandais sur les dangers dont son indépendance et ses droits seraient menacés, et auxquels nous ne saurions nous-mêmes rester indifférents.

Cette communication soulève d'ailleurs deux questions d'une haute importance : la question du Limbourg et celle du Luxembourg, dont la situation est restée jusqu'ici indécise. Je me réserve de les traiter d'une manière plus spéciale dans une dépêche ultérieure.

Recevez, etc.

Signé MOUSTIER.

LE MINISTRE DES AFFAIRES ÉTRANGÈRES
au Ministre de France à la Haye.

Paris, le 28 février 1867.

Monsieur, la communication du Cabinet de la Haye, en date du
20 de ce mois, soulève, comme je vous l'ai déjà dit, d'importantes
questions qu'il est de notre devoir d'examiner. Notre attention doit
surtout se fixer sur la situation internationale du Limbourg et du
Luxembourg. Le sort réservé à ces territoires intéresse à un haut degré les États situés à l'ouest de l'Allemagne, la France en particulier,
au point de vue de la sécurité de leurs frontières. Ces deux pays doivent
au système de défiance inauguré contre nous d'avoir été rattachés
à la Confédération Germanique; mais les liens accidentels, créés par
des arrangements politiques surannés, ont été rompus du moment
où cette Confédération s'est dissoute. Au point de vue légal, le Roi
de Hollande est aujourd'hui fondé à affirmer que les territoires dont
il s'agit sont affranchis de toute servitude, et que le droit conféré à la
Prusse de tenir garnison à Luxembourg a disparu avec les institutions
qui en étaient le fondement et l'unique raison d'être. Le Limbourg
n'est plus autre chose qu'une province hollandaise, et le Grand-
Duché doit être considéré comme un État parfaitement indépendant,
gouverné par un Grand-Duc, qui se trouve en même temps Roi des
Pays-Bas.

Quant au Luxembourg, qui nous touche de plus près, la Prusse,
en l'absence d'un droit légal, ne saurait invoquer aucun lien d'affinité
avec lui : les sentiments bien connus, les sympathies avouées des
populations les éloignent de toute union avec l'Allemagne; leurs aspirations sont bien plutôt tournées vers la France. Ce sont là des faits
que nous devons prendre en considération, et nous regretterions que
l'on en jugeât autrement de l'autre côté du Rhin. Non-seulement nos
intérêts matériels s'en trouveraient menacés, mais nous aurions à nous
préoccuper des tendances générales que ces appréciations, différentes

des nôtres, viendraient révéler : nous pourrions appréhender que, sous l'entraînement de certaines théories, la Prusse, au lieu de se renfermer dans ses frontières non contestées, ne fût induite, comme on semble le croire à la Haye, à porter ses regards au delà.

Je me hâte de dire que jusqu'ici nous nous sommes plu à écarter de telles hypothèses : nous n'avons jamais cessé de penser que, comprenant l'importance de ces questions, et appréciant le scrupule que nous mettions à les soulever nous-mêmes, le Gouvernement prussien saurait les résoudre d'une manière satisfaisante pour tous, soit en faisant usage d'une prévoyante initiative, soit en déférant aux justes réclamations de la Cour des Pays-Bas. Cependant il n'a rien fait ni dans un sens ni dans l'autre, et, quelles que soient les inductions que nous aimerions à tirer des dispositions que le Cabinet de Berlin nous laisse entrevoir en toute circonstance, le temps passe sans apporter de modifications à un état de choses anormal, et chaque jour qui s'écoule semble consacrer cette situation au lieu d'y remédier.

Vous écouterez donc avec attention tout ce que vous dira le Cabinet de la Haye, et vous établirez un échange d'idées sur les moyens les plus propres à nous conduire au but que nous devons nous proposer en commun : ce but, c'est d'obtenir l'abandon de toute prétention allemande sur le Limbourg, et l'évacuation de la forteresse de Luxembourg par la garnison prussienne qui l'occupe.

Quant aux moyens dont on peut faire usage, le plus naturel a déjà été employé sans succès : le Gouvernement néerlandais a échoué dans ses tentatives de négociation directe avec la Prusse.

Il serait à craindre qu'une démarche officielle faite à Berlin par le Gouvernement de l'Empereur, pour appuyer les droits du Roi de Hollande, ne soulevât une discussion où l'amour-propre national serait mis en jeu des deux côtés; si elle n'aboutissait immédiatement à un résultat satisfaisant, elle aggraverait les difficultés.

Il est une combinaison qui, en modifiant profondément les situations réciproques, ferait tomber tout le système d'argumentation sur lequel on serait peut-être tenté de s'appuyer pour défendre l'état de choses actuel. Ce que le Cabinet de Berlin ne veut pas concéder au

Roi des Pays-Bas, pour des motifs que je n'ai pas à examiner ici, pourrait devenir entre la Prusse et nous l'objet d'une transaction honorable et amicale. Il n'est pas probable, en effet, que le Gouvernement prussien, qui s'applique journellement à resserrer ses rapports avec la France, ait prémédité de conserver, contre toute espèce de droit, en dehors de ses frontières et si près des nôtres, une garnison inutile au point de vue de sa défense naturelle, et dont le caractère, éminemment offensif à notre égard, ne pouvait manquer de fixer notre sollicitude la plus attentive. Si grande que l'on pût supposer notre longanimité et quel que pût être notre désir d'éviter tout dissentiment, il était évident que nous devions être obligés, tôt ou tard, de nous en expliquer sans réticence, et le moment semble venu, en effet, où notre silence, en se prolongeant, deviendrait un argument contre nous. Je vais plus loin encore; et, à mon sens, il est permis d'admettre qu'en acceptant avec bonne grâce le fait d'une réunion du Grand-Duché à la France, le Cabinet de Berlin croirait faire acte d'habile politique et aimerait à nous ménager une satisfaction morale et matérielle qui, en donnant aux relations des deux pays un degré plus marqué d'intimité, offrirait de nouveaux gages à la paix de l'Europe.

Sans entrer plus avant dans les considérations sur lesquelles cet espoir peut s'appuyer avec quelque fondement, il est certain que l'hypothèse d'une cession, soit comme moyen, soit comme but, sera nécessairement examinée entre nous et le Gouvernement du Roi Grand-Duc, et Sa Majesté pensera peut-être que, en se dépouillant d'une Principauté dont la position actuelle est devenue difficile et précaire, elle fera un acte également agréable à ses sujets hollandais, désireux de se dégager de toute compromission relative au Grand-Duché et à ses sujets luxembourgeois, dont les sympathies sont toutes françaises, et qui craignent vivement de se voir réunis à l'Allemagne.

Je n'ai pas besoin d'ajouter que le consentement des habitants ne serait pas moins nécessaire, à nos yeux, que celui du Roi, pour qu'une réunion à la France pût être consommée.

Nous tiendrions en même temps un compte suffisant de l'existence d'une garnison prussienne, et des considérations qui se rattachent au maintien de nos bonnes relations avec le Cabinet de Berlin et avec les autres Puissances. Ce serait à nous seuls, toutefois, qu'il appartiendrait d'ouvrir avec le Gouvernement prussien une négociation confidentielle et amicale dont nos intentions conciliantes sauraient écarter toute cause de conflit.

Ces aperçus vous guideront dans les conversations que vous aurez, soit avec le Ministre des Affaires étrangères, soit avec Sa Majesté Elle-même. Si l'idée de la cession prenait une certaine consistance, vous m'en rendriez compte immédiatement, mais vous ne perdriez pas de vue que notre but principal est, avant tout, de voir le Grand-Duché affranchi de toutes les servitudes fondées sur le système politique établi contre la France à une autre époque. Vouloir les maintenir aujourd'hui serait un anachronisme, alors même qu'on pourrait s'appuyer encore sur un semblant de légalité.

Recevez, etc.

Signé Moustier.

Le Ministre des Affaires étrangères

au Ministre de France à la Haye.

Paris, le 21 mars 1867.

Monsieur, les entretiens que vous avez eus, depuis quelques jours, avec le Roi et avec ses Ministres, ont fait ressortir de plus en plus la conformité de vues et d'intérêts qui existe entre les deux Cours. Je vois que l'on comprend, à la Haye, dans les sphères les plus élevées, que la cession du Luxembourg à la France, avantageuse pour la Hollande comme pour nous, simplifierait beaucoup de questions, et dégagerait les Pays-Bas de toute solidarité gênante avec le Grand-Duché. Chaque jour nous recevons de nouveaux témoignages du désir des habitants de se voir réunis à la France. Nous ne doutons pas que leur vote, presque unanime, ne vînt sanctionner les arrangements que le Roi Grand-Duc est disposé à prendre avec nous.

Il me reste à vous parler de la marche à suivre vis-à-vis du Gouver-

nement prussien. Nous croyons que le Grand-Duc a le droit absolu
de disposer du Luxembourg avec l'assentiment des populations, et
nous avons incontestablement celui de faire cette acquisition dans les
mêmes conditions. Mais nous avons, tout autant que le Roi des Pays-
Bas, la volonté sincère de nous maintenir en bons rapports avec la
Cour de Berlin, et il n'est pas possible de ne tenir aucun compte de
l'existence en fait d'une garnison prussienne, bien que ce fait ne s'appuie plus aujourd'hui sur aucun droit.

Le Roi, dites-vous, s'attache fortement à l'idée de déclarer préala-
blement à la Prusse son intention de nous céder le Grand-Duché. Nous
n'avons certainement aucune objection personnelle à ce que le Cabinet
de Berlin soit instruit de ces pourparlers; mais nous désirons qu'il le
soit par nous. Un examen attentif de la question démontrera, je l'espère, au Roi que, malgré son désir naturel de prendre l'initiative de
cette confidence, il importe qu'il nous laisse la direction exclusive et
la responsabilité de cette négociation.

Nous entamerons immédiatement à ce sujet, avec le Gouvernement
prussien, des pourparlers confidentiels, qui ne sauraient jamais conduire à un résultat fâcheux, puisque notre but, comme je vous l'ai
déjà écrit, est de faire de cette question un moyen de rapprochement
et non une cause de dissentiment.

Le Roi Grand-Duc peut être assuré que ses intérêts seront défendus
par nous comme les nôtres, et que nous nous efforcerons d'obtenir que
la question du Limbourg soit réglée d'une manière équitable et conforme à ses vues. Notre intérêt est le même que le sien sur ce point.
Je n'ai pas besoin de rappeler que les personnes initiées à cet échange
d'idées doivent observer la plus grande discrétion.

Recevez, etc.

Signé Moustier.

Le Ministre de France à la Haye
au Ministre des Affaires étrangères.

(DÉPÊCHE TÉLÉGRAPHIQUE.)

La Haye, le 26 mars 1867.

Le Roi a écrit à l'Empereur une lettre que M. de Zuylen m'a remise et où il lui demande d'aplanir les difficultés à Berlin. Je vous l'envoie. Le Ministre des Affaires étrangères m'a dit que, pour se mettre en règle vis-à-vis de la Prusse, il va adresser au Comte de Bylandt une note où il serait dit qu'en conséquence du vote de l'article 1er de la Constitution, on n'aura sans doute plus d'objection à reconnaître que le Limbourg est délié de toute obligation envers l'Allemagne.

M. de Zuylen voudrait obtenir que dans la réponse de M. de Bismarck il fût dit que la Prusse considère le Gouvernement Hollandais comme entièrement dégagé de toute responsabilité dans les affaires du Grand-Duché de Luxembourg.

Il paraît que le Roi veut faire part au Ministre de Prusse à la Haye de ses intentions à l'égard de la cession du Grand-Duché.

Le Ministre des Affaires étrangères
au Ministre de France à la Haye.

(DÉPÊCHE TÉLÉGRAPHIQUE.)

Paris, le 28 mars 1867.

Le Roi, en témoignant à l'Empereur son intention de lui céder le Luxembourg et en en développant les motifs, insiste sur cette considération qu'il verrait dans cet arrangement un gage pour la consolidation de la paix européenne. Il fait observer que ce but pour être atteint nécessite la participation de la Prusse et il insiste pour que l'Empereur obtienne en faveur de la transaction à intervenir l'adhésion de cette Puissance. Sa Majesté Impériale répondra elle-même au Roi; je me borne donc à constater avec satisfaction qu'en nous laissant le soin d'obtenir l'adhésion de la Prusse, le Roi semble renoncer à l'initiative qu'il voulait prendre et qui eût pu avoir des conséquences regrettables. Si l'Empereur est disposé à laisser le Roi des Pays-Bas régler lui-même les conditions de la cession, Sa Majesté Impériale désire qu'on lui laisse le soin de s'entendre avec la Prusse sur les résultats de cet acte. Nous en accepterons la responsabilité et nous n'épargnerons rien pour éviter au Roi et à son pays tout désagrément.

LE MINISTRE DE FRANCE à la Haye

au Ministre des Affaires étrangères.

(DÉPÊCHE TÉLÉGRAPHIQUE.)

La Haye, le 28 mars 1867.

Le Prince d'Orange est chargé de dire à l'Empereur que le Roi, désirant lui être agréable, consent à la cession et prie Sa Majesté impériale de s'entendre avec la Prusse.

M. LE PRINCE DE LA TOUR D'AUVERGNE, AMBASSADEUR DE FRANCE à Londres,

au Ministre des Affaires étrangères.

Londres, le 28 mars 1867.

Monsieur le Marquis, Lord Stanley m'a dit, ce matin, qu'il savait de bonne source que nous avions adressé directement au Cabinet de la Haye une demande de cession à la France, moyennant indemnité pécuniaire, du territoire et de la forteresse de Luxembourg. Il a ajouté confidentiellement qu'il avait eu hier la visite de l'Ambassadeur de

Prusse, et que celui-ci lui ayant paru animé de dispositions peu conciliantes par rapport à cette question, il n'avait pas hésité à lui avouer que, « dans son opinion personnelle, » une pareille acquisition faite par la France ne serait que légitime. J'ai remercié Lord Stanley de l'impartialité et de la bienveillance de son jugement, en lui renouvelant, d'ailleurs, l'assurance que je n'avais reçu de Votre Excellence aucune information à cet égard. J'ai su, d'autre part, que Lord Stanley s'était exprimé dans le même sens avec l'Ambassadeur de Russie, auquel il aurait déclaré que, « personnellement, » il n'aurait pas d'objection contre un arrangement qui, en donnant satisfaction à la France, serait de nature à écarter, dans l'avenir, toute chance de conflit.

Veuillez agréer, etc.

Signé Prince DE LA TOUR D'AUVERGNE.

LE MINISTRE DES AFFAIRES ÉTRANGÈRES
au Ministre de France à la Haye.

Paris, le 30 mars 1867.

Monsieur, je vous envoie la réponse de Sa Majesté au Roi. Il paraît que Sa Majesté Néerlandaise n'avait pas abandonné, comme je l'espérais, le projet dont vous m'aviez parlé dans votre télégramme du 26. Le jour même où le Roi écrivait à l'Empereur, il a, en effet, mandé chez lui le Ministre de Prusse à la Haye et lui a dit à peu près ce qui suit : « Je vous ai fait venir chez moi, parce que je voulais vous dire que l'Empereur des Français m'a fait des propositions pour la cession du Luxembourg à la France. Je n'ai rien voulu faire à l'insu de la Prusse ; il m'a donc semblé que je ne pouvais mieux agir que de vous informer franchement. J'ai écrit à l'Empereur des Français que je m'en remettais à sa loyauté pour qu'il s'entende à ce sujet avec le Roi de Prusse. Je vous prie donc d'en rendre compte au Roi. Sa Majesté voudra apprécier, j'espère, la franchise avec laquelle j'agis dans cette affaire. »

Le Ministre des Pays-Bas à Berlin a reçu, de plus, pour instruction, de proposer la signature d'une convention par laquelle la Prusse, pour elle et tous les États allemands, renoncerait à invoquer les rapports qui ont existé pour le Limbourg entre les Pays-Bas et la Confédération germanique; il doit, en outre, tâcher d'obtenir une pièce écrite dans laquelle M. de Bismarck reconnaîtrait qu'il n'existe entre la Hollande et le Luxembourg aucune solidarité.

Tout cela me paraît prématuré et regrettable.

Il en résulte qu'une négociation délicate, dont nous devions, avec raison, garder tous les fils entre nos mains, et à laquelle nous voulions conserver, tant que cela serait nécessaire, un caractère confidentiel, vient d'être ouverte officiellement sans nous et en dehors de nous.

Je souhaite qu'il n'en sorte aucun fâcheux incident.

Recevez, etc.

Signé Moustier.

M. Benedetti, Ambassadeur de France à Berlin,
au Ministre des Affaires étrangères, à Paris.

Berlin, le 31 mars 1867.

Monsieur le Marquis, l'affaire du Luxembourg, dont le bruit s'est répandu, produit en Allemagne une agitation dont M. de Bismarck paraît fort ému. Prévenu que le parti libéral se propose de l'interpeller dans la séance de demain, il juge essentiel qu'on retarde la conclusion de toute convention définitive entre la France et les Pays-Bas. Il s'est plaint de la manière dont la question avait été introduite par la communication du Roi des Pays-Bas au Roi Guillaume. Cette communication place le Gouvernement prussien dans une très-fausse position.

Veuillez agréer, etc.

Signé Benedetti.

L'Ambassadeur de France à Berlin
au Ministre des Affaires étrangères.

(DÉPÊCHE TÉLÉGRAPHIQUE.)

Berlin, le 31 mars 1867.

M. de Bismarck se sent depuis hier débordé par l'agitation qui a éclaté dans la presse et dans le Parlement. Les députés des différentes fractions libérales se sont réunis ce matin et ont décidé d'interpeller demain le Gouvernement. Il m'a averti que, par suite de la communication du Roi des Pays-Bas, il ne pouvait se dispenser de déclarer à la Chambre que des négociations pour la cession du Luxembourg étaient, en effet, ouvertes à la Haye. Je lui ai dit que nous n'avions pu obtenir du Roi des Pays-Bas qu'il gardât le silence jusqu'à ce que la question eût été examinée par nous avec le Gouvernement prussien

---

Le Ministre des Affaires étrangères
à l'Ambassadeur de France à Berlin.

(DÉPÊCHE TÉLÉGRAPHIQUE.)

Paris, le 1ᵉʳ avril 1867.

Je regrette qu'une publicité intempestive et la démarche du Roi des Pays-Bas aient, malgré nous et contrairement à nos vues, donné à la question du Luxembourg un caractère officiel. Je ne sais quelles en seront les conséquences et le langage que M. de Bismarck croira devoir tenir devant le Parlement du Nord. L'état de choses nouveau qui existe en Allemagne depuis six mois aura d'autant plus de chance de se faire complétement accepter que la nouvelle Confédération saura plus scrupuleusement se renfermer dans des limites non sujettes à contestation. Le langage de M. de Bismarck a toujours été de nature à nous faire penser que c'était bien sous ce jour que les choses lui apparaissaient. Le Président du Conseil a certainement l'au-

torité morale et le courage nécessaires pour tracer au patriotisme allemand les limites que celui-ci ne saurait franchir sans blesser le patriotisme des autres.

Le Ministre de France à la Haye
au Ministre des Affaires étrangères.

(DÉPÊCHE TÉLÉGRAPHIQUE.)

La Haye, le 1er avril 1867.

Le Roi, le Prince Henri et M. de Zuylen ont eu hier soir une Conférence. Le Ministre des Affaires étrangères me dit que Sa Majesté est
résolue à tenir ses engagements. M. de Zuylen ne semble pas croire
à des embarras sérieux du côté de la Cour de Berlin ; mais il demande
que le Gouvernement français accepte la responsabilité des difficultés
possibles avec la Prusse.

L'Ambassadeur de France à Berlin
au Ministre des Affaires étrangères.

Berlin, le 1er avril 1867.

Monsieur le Marquis, à la séance du Parlement de ce matin, avant
d'aborder l'ordre du jour, le Président a fait distribuer aux Députés une
interpellation que M. de Bennigsen, l'ancien chef du *Nationalverein*, se
proposait d'adresser au Gouvernement sur la question du Luxembourg. Cette interpellation, à laquelle soixante-dix représentants,
appartenant aux diverses fractions de la gauche, avaient apposé leur
signature, est ainsi conçue :

« Les soussignés, membres du Reichstag, adressent les questions
suivantes à M. le Président des Commissaires fédéraux :

« 1° Le Gouvernement royal prussien a-t-il reçu des informations d'où il résulte que les bruits, de jour en jour plus persistants, relatifs à des négociations entre la France et les Pays-Bas, au sujet de la cession du Grand-Duché de Luxembourg, sont fondés?

« 2° Le Gouvernement royal de Prusse est-il en mesure de donner au Reichstag, au sein duquel tous les partis sont unanimes pour l'appuyer de la façon la plus rigoureuse, du moment qu'il s'agit de repousser une tentative quelconque d'arracher une vieille terre allemande à la patrie commune, l'assurance qu'il est résolu, de concert avec ses Confédérés, de maintenir, quoi qu'il advienne, le lien qui rattache le Grand-Duché de Luxembourg au reste de l'Allemagne, et notamment le droit de garnison de la Prusse dans la forteresse du Luxembourg? »

Veuillez agréer, etc.

Signé Benedetti.

L'Ambassadeur de France à Berlin

 au Ministre des Affaires étrangères.

Berlin, le 2 avril 1867.

Monsieur le Marquis, je vous envoie le discours prononcé par M. le Comte de Bismarck en réponse à une interpellation de M. de Bennigsen, concernant le Luxembourg.

Veuillez agréer, etc.

Signé Benedetti.

DISCOURS DE M. LE COMTE DE BISMARCK.

« La haute assemblée trouvera naturel que, dans une question d'une portée aussi considérable que celle dont il s'agit, je me borne, pour le moment, à répondre à l'interpellation par un exposé des faits, autant du moins qu'ils sont à la connaissance du gouvernement royal et de ses confédérés ou alliés (Bundesgenossen). Je suis forcé de remonter aux causes qui ont fait que le Grand-Duché de Luxembourg n'est pas devenu membre de la Confédération de l'Allemagne du Nord.

« Au moment et par suite de la dissolution de la Confédération germanique, chacun des États qui en faisaient partie a recouvré sa pleine souveraineté, telle qu'il la possédait avant l'établissement de la Confédération et avant les restrictions résultant des engagements librement contractés dans le pacte fédéral. Après la dissolution de la Confédération, le Grand-Duché de Luxembourg et son Grand-Duc jouirent donc de la même souveraineté de caractère européen que le Royaume des Pays-Bas et son Roi. La grande majorité des ci-devant confédérés, à l'exemple de la Prusse, profitèrent de leur liberté pour conclure immédiatement, sur une base nationale, une Confédération nouvelle, dans le but de s'appuyer mutuellement et de cultiver les intérêts nationaux. Le Grand-Duché de Luxembourg n'a pas trouvé conforme à ses intérêts d'entrer dans la même voie. Par les organes dont nous disposons dans le Grand-Duché et à sa frontière, nous avions appris qu'une répugnance décidée à entrer dans la Confédération de l'Allemagne du Nord régnait dans toutes les classes de la population. Dans les hautes et principalement dans les plus hautes, elle découlait d'une malveillance manifeste contre la Prusse et ses succès; dans les classes inférieures, de la répugnance à supporter les charges qu'impose nécessairement une défense sérieuse du Pays.

« Les dispositions du Gouvernement luxembourgeois nous ont été révélées par une dépêche qui nous a été adressée au mois d'octobre et dans laquelle il cherchait à nous démontrer que nous n'avions plus le droit de tenir garnison à Luxembourg. Le Gouvernement royal et ses confédérés durent se demander s'il convenait, dans ces circonstances, d'exercer une pression ayant pour but de faire entrer le Grand-Duché, qui appartient déjà au Zollverein, dans la Confédération de l'Allemagne du Nord. Après mûr examen, ils se sont prononcés pour la négative. Ils devaient nécessairement envisager comme un avantage douteux de posséder au sein d'une Confédération aussi intime un membre comme le

Grand-Duc de Luxembourg, dont, en sa qualité de Roi des Pays-Bas, le centre de gravité et les intérêts se trouvent hors de la Confédération et peut-être même parfois en contradiction avec ceux de la Confédération. L'expérience que nous avions acquise sous ce rapport dans l'ancienne Confédération était assez instructive pour nous dissuader de faire revivre un pareil état de choses dans l'institution nouvelle.

« Le Gouvernement royal s'est dit ensuite qu'à raison de la situation géographique et de la position particulière du Grand-Duché de Luxembourg, cette question devait être traitée avec une prudence exceptionnelle. On n'a fait que rendre justice à la politique prussienne, en proclamant dans une occasion solennelle qu'elle s'appliquait à ménager les susceptibilités de la nation française, autant du moins, bien entendu, que cela est compatible avec notre propre honneur.

« La politique prussienne est guidée dans cette conduite par la juste appréciation de l'importance que devaient avoir, pour le développement pacifique de la question allemande, les rapports amicaux avec un puissant peuple voisin, notre égal.

« Les considérations que je viens de faire ressortir m'empêchent de répondre par oui ou par non à la seconde partie de l'interpellation. La teneur de cette interpellation est de celles qui peuvent bien convenir à une représentation populaire, placée sur un terrain national; mais elle n'appartient pas au langage des diplomates, au langage qu'on a coutume de tenir en discutant des rapports internationaux, aussi longtemps qu'ils peuvent être maintenus dans les voies pacifiques.

« En ce qui concerne la première partie de l'interpellation, je veux exposer ici avec franchise les faits autant qu'ils sont parvenus à la connaissance du Gouvernement royal. Le Gouvernement du Roi n'a aucune raison de croire que le sort futur du Grand-Duché soit déjà fixé par un traité; il va sans dire qu'il ne peut pas non plus prétendre le contraire avec certitude; enfin, il ne sait pas davantage si cette conclusion, en supposant qu'elle n'ait pas encore eu lieu, n'est pas imminente. Les seuls faits qui ont appelé officiellement l'attention du Gouvernement royal sur cette question, sont les suivants :

« Il y a quelques jours, Sa Majesté le Roi des Pays-Bas a mis, de vive voix, le Ministre de Prusse, accrédité à la Haye, en mesure d'exprimer son opinion sur la manière dont le Gouvernement prussien envisage-rait une aliénation faite, par Sa Majesté Néerlandaise, de ses droits de souveraineté sur le Grand-Duché de Luxembourg. Le comte Perpon-cher, notre Ministre à la Haye, a été chargé de répondre qu'en ce moment le Gouvernement royal et ses confédérés n'avaient point mission de s'expliquer sur cette question; qu'ils devaient laisser à Sa Majesté seule la responsabilité de ses actes, et que le Gouverne-ment royal, avant d'exprimer son avis sur la question, s'il était con-traint de le faire, s'assurerait d'abord, en tout cas, de la manière dont elle serait envisagée par ses confédérés allemands, par les cosigna-taires des traités de 1839, enfin, par l'opinion publique, qui, en ce moment même, possède dans cette haute assemblée l'organe le plus autorisé.

« Le second fait a été que le Gouvernement néerlandais nous a offert, par son Ministre à Berlin, ses bons offices pour les négociations qu'il supposait pendantes entre la Prusse et la France, au sujet du Grand-Duché de Luxembourg. Nous avons répondu que nous n'étions pas à même de faire usage de ces bons offices, vu qu'il n'y avait pas de né-gociations pendantes.

« Si le Gouvernement royal est bien informé, c'est dans cet état, mes-sieurs, que se trouve la question à l'heure qu'il est. Je dis *si le gouver-nement est bien informé*, et je me rapporte à tout ce que j'ai dit avant sur la possibilité d'un traité. Vous n'exigerez pas de moi que, dans ce mo-ment (comme il serait permis à une représentation nationale de le faire), je vous donne des déclarations publiques sur les vues et les des-seins du Gouvernement royal et de ses confédérés dans telle ou telle éventualité. Les Gouvernements confédérés croient qu'aucune puissance étrangère ne voudra méconnaître les droits incontestables d'États alle-mands et de populations allemandes : ils espèrent être en mesure de garantir et de protéger ces droits, au moyen de négociations pacifiques et sans compromettre les relations amicales dans lesquelles l'Alle-magne, à la grande satisfaction des États confédérés, se trouve, jusqu'à présent, avec ses voisins. Vous pourrez vous abandonner d'autant plus sûrement à ces espérances que les faits donneront une confirmation plus éclatante à ce que l'honorable préopinant disait tout à l'heure, à ma grande satisfaction, en exprimant la confiance que, par nos délibérations, nous allons affirmer le faisceau indissoluble du peuple allemand avec ses Gouvernements, et sous leur direction. »

L'Ambassadeur de France à Londres
au Ministre des Affaires étrangères.

Londres, le 2 avril 1867.

Monsieur le Marquis, M. l'Ambassadeur de Prusse a été chargé de s'informer de la manière de voir du Cabinet de Londres, par rapport à l'éventualité d'une cession du Luxembourg à la France. Il semble que pareille démarche a été faite par la Prusse auprès des autres Cours signataires du traité de 1839, qui a réglé, en dernier lieu, la situation du Grand-Duché de Luxembourg. Lord Stanley, pour sa part, n'a pas encore répondu officiellement à cette communication ; mais, dans un entretien qu'il a eu hier avec M. le Comte de Bernstorff, il n'aurait pas caché à cet ambassadeur que, suivant lui, les Puissances signataires du traité de 1839 ne sauraient élever d'objection sérieuse contre la cession du Luxembourg à la France, du moment où le Roi des Pays-Bas, qui est, en réalité, le seul directement intéressé dans la question, est disposé lui-même à souscrire à cet arrangement.

Veuillez agréer, etc.

Signé Prince DE LA TOUR D'AUVERGNE.

L'Ambassadeur de France à Berlin
au Ministre des Affaires étrangères.

Berlin, le 2 avril 1867.

Monsieur le Marquis, j'ai revu aujourd'hui M. le Comte de Bismarck. Il s'est plaint des embarras en face desquels il se trouve, et semble nous faire un grief de la démarche par laquelle le Roi des Pays-Bas a instruit officiellement le Roi de Prusse, avant que nous nous fussions expliqués avec le Cabinet de Berlin. Ces communications prématurées ne laissaient plus au Gouvernement prussien toute sa liberté. J'ai fait remarquer au Comte de Bismarck que nous n'avions rien négligé pour prévenir la démarche du Roi de Hollande et qu'on ne saurait par conséquent nous en rendre responsables.

Veuillez agréer, etc.

Signé Benedetti.

———

Le Ministre de France à la Haye
au Ministre des Affaires étrangères.

(DÉPÊCHE TÉLÉGRAPHIQUE.)

La Haye, le 3 avril 1867.

Le Comte de Perponcher vient de faire, au nom de son Gouvernement, une communication à M. de Zuylen, où, tout en reconnaissant le droit du Roi des Pays-Bas de disposer du Grand-Duché sous sa responsabilité, il appelle son attention sur l'état de l'opinion en Allemagne et sur les difficultés qui peuvent en résulter.

Le Ministre des Affaires étrangères a répondu qu'il en rendrait compte au Roi.

———

Le Ministre de France à la Haye
au Ministre des Affaires étrangères.

(DÉPÊCHE TÉLÉGRAPHIQUE.)

La Haye, le 5 avril 1867.

Le Comte de Bismarck a déclaré hier au Comte de Bylandt qu'il regarde le Limbourg comme dégagé de toute obligation envers l'Allemagne et qu'il est prêt à le dire dans un acte officiel, bien que le vote de l'article 1er de la Constitution fédérale rende inutile cette constatation.

Le Ministre des Affaires étrangères
à l'Ambassadeur de France à Berlin.

Paris, le 6 avril 1867.

Monsieur, les interpellations qui ont eu lieu au sein du Parlement du Nord et la réponse du Premier Ministre de Sa Majesté le Roi de Prusse étaient de nature à attirer toute notre attention, et je ne dois pas vous laisser ignorer nos impressions. Résolus à demeurer calmes au milieu des excitations imprudentes auxquelles nous pourrions servir de prétexte, et convaincus qu'en l'absence de tout acte politique et de toute communication officielle échangée entre nous et le Cabinet de Berlin, personne n'a le droit de nous mettre directement en cause dans ce débat, nous nous abstenons d'examiner les questions théoriques soulevées par les interpellations. Nous ne voulons pas opposer des dénégations à des affirmations, ni rappeler à ceux qui considéreraient le Luxembourg comme une province allemande que, sur ce point comme sur d'autres, il existe en France des opinions très-différentes de celles qui ont été émises.

Je crois d'une utilité plus immédiate de relever les déclarations de principes par lesquelles M. le Président du Conseil a porté la lumière sur des questions d'une incontestable opportunité. Il a exposé :

1° Que l'ancienne Confédération germanique s'étant dissoute, chacun de ses membres a recouvré à ce moment sa pleine souveraineté ;

2° Que le Grand-Duché et le Grand-Duc de Luxembourg ont joui, depuis cette dissolution, de la même souveraineté de caractère européen que le Roi et le Royaume des Pays-Bas ;

3° Que le Grand-Duché de Luxembourg n'a pas jugé à propos d'entrer dans la Confédération du Nord et n'en fait pas partie ;

4° Que le motif de son abstention a été surtout la répugnance bien constatée des différentes classes de la population ;

5° Que ce sentiment du Grand-Duché a trouvé son expression dans une dépêche adressée par son Gouvernement au Cabinet de Berlin au mois d'octobre dernier, et dans laquelle il conteste à la Prusse le droit de tenir garnison à Luxembourg ;

6° Que le Gouvernement prussien, après un examen consciencieux, n'a pas pensé qu'il dût exercer ni pression, ni influence pour déterminer le Grand-Duché à entrer dans la Confédération du Nord.

Ces déclarations ont une portée trop évidente comme éléments du nouveau droit européen pour que nous ne mettions pas du prix à les constater. Nous croyons devoir également attacher une haute valeur aux paroles par lesquelles M. de Bismarck a proclamé que la politique prussienne cherchait à ménager les susceptibilités de la nation française, et que le Gouvernement prussien trouvait les motifs d'une telle politique dans une juste appréciation de l'importance qui s'attache aux

rapports pacifiques et amicaux de la Confédération du Nord avec une
nation voisine.

M. le Comte de Bismarck ne manquera pas certainement de vous
faire connaître en temps et lieu la valeur pratique qu'il entend donner
à des paroles qui ne sauraient être considérées comme de simples for-
mules de courtoisie. Elles sont, en effet, en parfaite conformité avec
les sentiments et les intentions que, dans ses entretiens intimes avec
vous, le Président du Conseil n'a cessé de vous manifester, et qui, il
importe de le dire, nous ont inspiré la plus entière confiance.

Sans provoquer directement des confidences dont la spontanéité
contribuerait à augmenter le prix, vous ne manquerez pas de m'instruire, lorsque vous serez à même de le faire, des vues du Cabinet de
Berlin sur tout ce qui peut contribuer à la consolidation de la paix
européenne. Je n'ai pas besoin de dire combien nos vœux tendent vers
ce but, ni de rappeler les preuves que nous avons données de notre
modération et de notre respect pour le droit de l'Allemagne de se
constituer librement dans ses limites territoriales et suivant ses tendances naturelles.

Vous apprécierez, Monsieur, dans quelle mesure il vous conviendra
de faire usage de cette dépêche, à l'esprit de laquelle vous voudrez
bien conformer votre langage.

Agréez, etc.

Signé MOUSTIER.

———

Le MINISTRE DE FRANCE à la Haye
    au Ministre des Affaires étrangères.

La Haye, le 6 avril 1867.

Monsieur le Marquis, les bruits répandus depuis quelque temps
d'un projet d'annexion du Luxembourg à la France et de pourparlers

confidentiels auxquels il aurait donné lieu entre le Gouvernement de
l'Empereur et celui du Roi de Prusse, ont naturellement ému le Cabinet
de la Haye. Très-désireux pour sa part, et d'accord en cela avec l'opinion publique en Hollande, de voir trancher le lien purement personnel qui unit les Pays-Bas au Luxembourg, et, par conséquent,
d'écarter une chance de difficultés entre le Royaume et l'Allemagne,
il l'est presque autant de voir réaliser une combinaison qui, suivant
lui, en donnant satisfaction à la France, affermirait les bases de la
paix européenne et mettrait ainsi la Hollande à l'abri de redoutables
éventualités. Mais, en même temps, le Gouvernement néerlandais est
très-préoccupé du soin de dégager vis-à-vis de la Prusse et de l'opinion
publique en Allemagne la responsabilité qu'elle pourrait faire peser
sur le Roi des Pays-Bas à raison d'une transaction accomplie par le
Grand-Duc de Luxembourg.

C'est dans cet ordre d'idées que M. le Comte de Zuylen a adressé,
la semaine dernière, au Ministre des Pays Bas à Berlin, une dépêche
destinée à être officiellement communiquée à M. le Comte de Bismarck.
Il rappelle d'abord, dans ce document, et constate aussi fortement que
possible la séparation complète, absolue, des deux Gouvernements
hollandais et luxembourgeois. Les pourparlers qui paraissent avoir
lieu au sujet du Grand-Duché portent, dit-il, le Gouvernement néerlandais à désirer que cette distinction soit comprise et reconnue de
tout le monde. C'est faute d'en avoir su tenir compte qu'on a, en 1841,
failli jeter la Hollande en de graves embarras, lors de l'entrée du
Luxembourg dans le Zollverein. Mais si néanmoins la Prusse jugeait
que la Hollande ne peut rester complétement étrangère à des négociations ayant pour but de régler le sort du Luxembourg, celle-ci con-
sentirait à y prendre part par voie de bons offices et dans le but unique
de favoriser, en vue d'assurer la paix générale, le changement de condition du Grand-Duché. En tout cas, dit en terminant M. le Comte de
Zuylen, la Hollande entend se dégager d'avance de toute responsabilité dans cette affaire. Cette dépêche était datée du 27 mars. M. de Bismarck y a répondu le 30 par une dépêche adressée à M. le Comte Perponcher, Ministre de Prusse à la Haye, qui l'a communiquée au Gouver-

nement néerlandais. Il y est dit que la nature du lien personnel qui unit la Hollande au Luxembourg n'est pas inconnue du Gouvernement prussien. Quant à l'offre des bons offices du Gouvernement néerlandais, elle repose, dit M. de Bismarck, sur une supposition erronée. Aucune négociation n'a lieu entre la France et la Prusse au sujet du sort futur du Luxembourg et, selon la nature des choses, ne saurait avoir lieu qu'entre le Roi des Pays-Bas, en sa qualité de Grand-Duc, et l'Empereur des Français.

Le Cabinet de la Haye était tout entier à la satisfaction que lui causait cette réponse, remise ici le 1er avril, quand, le jour même, eurent lieu à Berlin, dans le Parlement allemand, les interpellations adressées à M. de Bismarck au sujet du Luxembourg. La réponse du Président du Conseil, en divulguant la démarche récente du Gouvernement néerlandais, a alarmé le public de ce pays, très-jaloux de maintenir entre les affaires du Royaume et du Grand-Duché une séparation absolue. M. Thorbecke a adressé hier, dans la séance de la seconde Chambre, à M. le Ministre des Affaires étrangères, des interpellation sur le rôle du Gouvernement néerlandais dans la question luxembourgeoise.

M. de Zuylen, dans sa réponse, a représenté la cession du Luxembourg comme un résultat avantageux pour la Hollande et donné à entendre que le Roi Grand-Duc est tout disposé à s'y prêter moyennant une sauvegarde des intérêts de la population luxembourgeoise et une modique indemnité pécuniaire. Quant à l'offre faite à Berlin des bons offices de la Hollande, elle était présentée, a dit M. de Zuylen, en vue de négociations futures; il n'en existe pas pour le moment; tout au plus des pourparlers ont eu lieu entre les grandes Puissances. Il était presque impossible à la Hollande de s'abstenir complétement dans une question qui intéresse aussi directement le Luxembourg, à cause de la connexité qui existe entre la situation du Grand-Duché et celle du Limbourg. Mais la condition de ce dernier pays vient d'être réglée par une déclaration faite avant-hier même par M. de Bismarck au Ministre des Pays-Bas à Berlin. Le Gouvernement prussien regarde, a-t-il dit à M. le Comte de Bylandt, le Limbourg comme dé-

gagé de tout lien politique envers l'Allemagne, et il est disposé à le
constater prochainement par un document officiel, bien qu'il juge cette
formalité superflue après le vote du Parlement allemand, qui n'a pas
compris le Limbourg dans le territoire fédéral. En conséquence, a dit
M. de Zuylen à la Chambre, après avoir donné lecture du télégramme
par lequel M. le Comte de Bylandt lui communique cette déclaration,
mon intention est de laisser désormais le soin de l'affaire luxembourgeoise au Gouvernement grand-ducal, et de ne plus m'en mêler à titre
officiel ou officieux.

Cette réponse du Ministre a été favorablement accueillie, et M. Thorbecke, auteur de l'interpellation, s'en est déclaré satisfait.

Veuillez agréer, etc.

Signé Baudin.

COMMUNICATION FAITE AU SÉNAT ET AU CORPS LÉGISLATIF PAR M. LE
MINISTRE DES AFFAIRES ÉTRANGÈRES (8 avril 1867).

Messieurs, l'Empereur m'a donné l'ordre de vous faire connaître les
circonstances au milieu desquelles est née la question du Grand-Duché
du Luxembourg et la situation actuelle de cette affaire. Le Gouvernement français, dominé par la conviction profonde que les intérêts vé-
ritables et permanents de la France sont dans la conservation de la paix
de l'Europe, n'apporte dans ses relations internationales que des pensées d'apaisement : aussi n'a-t-il pas soulevé spontanément la question
du Grand-Duché.

La position indécise du Limbourg et du Luxembourg a déterminé
une communication du Cabinet de la Haye au Gouvernement français.
Les deux Souverains ont été appelés ainsi à échanger leurs vues sur la
possession du Luxembourg. Ces pourparlers d'ailleurs n'avaient encore
pris aucun caractère officiel lorsque, consulté par le Roi des Pays-Bas

sur ses dispositions, le Cabinet de Berlin a invoqué les stipulations du Traité de 1839. Fidèles aux principes qui ont constamment dirigé notre politique, nous n'avons jamais compris la possibilité de cette acquisition de territoire que sous trois conditions : le consentement libre du Grand-Duc de Luxembourg, l'examen loyal des intérêts des grandes Puissances, le vœu des populations manifesté par le suffrage universel. Nous sommes donc disposés à examiner, de concert avec les autres Cabinets de l'Europe, les clauses du Traité de 1839. Nous apporterons dans cet examen le plus entier esprit de conciliation, et nous croyons fortement que la paix de l'Europe ne saurait être troublée par cet incident.

LE MINISTRE DES AFFAIRES ÉTRANGÈRES

au Ministre de France à la Haye.

(*DÉPÊCHE TÉLÉGRAPHIQUE.*)

Paris, le 8 avril 1867.

Le Gouvernement français a déclaré qu'il admettrait l'examen des Traités de 1839, mais n'a pris aucune initiative et n'a fait aucune démarche dans ce sens auprès des différents Cabinets. Il veut éviter tout ce qui, en ce moment, pourrait motiver entre la Prusse et la France un débat direct. Aucune question n'existe heureusement entre les deux Pays. C'est pour cela que nous prions le Gouvernement néerlandais d'éviter soigneusement ce qui pourrait faire naître un incident quelconque.

L'Ambassadeur de France à Londres
au Ministre des Affaires étrangères.

Londres, le 10 avril 1867.

Monsieur le Marquis, j'ai communiqué à lord Stanley, à titre confidentiel, la dépêche que vous avez adressée, le 6 de ce mois, à l'Ambassadeur de Sa Majesté à Berlin. Lord Stanley a appris avec satisfaction qu'aucune communication officielle au sujet du Luxembourg n'avait été échangée jusqu'ici entre la France et la Prusse. Il s'est plu, en même temps, à rendre hommage aux dispositions pacifiques témoignées par le Gouvernement de l'Empereur, aussi bien dans la dépêche destinée à M. Benedetti que dans la déclaration que Votre Excellence a faite, par ordre de l'Empereur, au Sénat et au Corps législatif. J'ai fait remarquer au principal Secrétaire d'État que la prudence et la modération du Gouvernement de l'Empereur, quelque grandes et persistantes qu'elles fussent, ne suffiraient évidemment pas à assurer indéfiniment, dans l'avenir, le maintien de la paix, si l'on ne parvenait pas, d'une manière ou d'une autre, à trouver une combinaison qui sauvegardât suffisamment, pour le moment, les justes susceptibilités de l'opinion publique en France. Lord Stanley a paru reconnaître la justesse de mes observations, et, sans mettre en avant aucune combinaison, il s'est montré animé du sincère désir de voir résoudre, d'une façon satisfaisante pour toutes les parties, une question qui pourrait, suivant lui, d'un moment à l'autre, prendre de regrettables proportions.

J'ai eu l'occasion de causer avec M. l'Ambassadeur de Russie, dont le langage ne m'a pas paru moins conciliant et moins amical que celui de lord Stanley. J'ai cru néanmoins devoir dire à M. le Baron de Brunnow que si, personnellement, il se montrait persuadé de la nécessité, dans cette circonstance, de donner satisfaction aux légitimes susceptibilités de la France, j'avais lieu de craindre, d'après certains articles de journaux, que telle ne fût pas la manière de voir de son Gouvernement. Mon collègue m'a assuré que l'article du *Journal de*

Saint-Pétersbourg, auquel je faisais allusion, était dénué de toute portée et que les dispositions de la Russie à notre égard n'étaient pas moins
favorables que celles de l'Angleterre.

Veuillez agréer, etc.

Signé Prince DE LA TOUR D'AUVERGNE.

LE MINISTRE DES AFFAIRES ÉTRANGÉRES
au Ministre de France à la Haye.

Paris, le 12 avril 1867.

Monsieur, avant que la question du Luxembourg eût été soulevée
dans le Parlement du Nord de l'Allemagne, je n'avais adressé à ce sujet
aucune communication officielle à M. Benedetti. Cette affaire étant
entrée dans le domaine de la publicité à la suite des interpellations
qui ont eu lieu, nous ne pouvions garder un complet silence, et j'ai
cru devoir faire connaître à l'Ambassadeur de Sa Majesté à Berlin,
quelles étaient nos impressions. Ma dépêche que vous trouverez ci-
jointe est la première dans laquelle le nom du Luxembourg ait été
prononcé; elle n'est pas même destinée à être communiquée officiellement à M. de Bismarck. Nous n'avons pas jugé opportun d'engager
une discussion sur ce qui s'était passé. Nous voulions éviter, au contraire, tout ce qui aurait pu faire naître entre la Prusse et nous une
question quelconque. Nous nous sommes bornés à constater les déclarations par lesquelles M. de Bismarck a reconnu devant le Parlement
du Nord que la dissolution de la Confédération germanique a fait
rentrer le Roi des Pays-Bas dans la plénitude de sa souveraineté.

Recevez, etc.

Signé MOUSTIER

LE MINISTRE DES AFFAIRES ÉTRANGÈRES
à l'Ambassadeur de France à Berlin.

Paris, le 13 avril 1867.

Monsieur, mes deux télégrammes du 11 et du 12 vous ont porté la substance des informations que j'avais à vous transmettre. Je vous ai dit qu'avant tout la pensée du Gouvernement de l'Empereur est de rendre impossible au parti qui voudrait la guerre d'en trouver le moindre prétexte dans notre attitude. M. de Bismarck n'ignore pas nos dispositions, car j'ai donné lecture à M. le Comte de Goltz de la dépêche que je vous ai adressée pour vous les faire connaître. Je m'en suis également expliqué à Londres, à Pétersbourg et à Vienne. M. le Duc de Gramont se trouvant en ce moment à Paris pour des affaires privées, c'est par l'entremise de M. le Prince de Metternich que j'ai informé le Cabinet de Vienne de la manière dont nous envisageons les devoirs de notre situation. Nous avons particulièrement à nous louer des sentiments amicaux du Gouvernement anglais. L'opinion des deux autres grandes Puissances semble aussi nous devenir de plus en plus favorable; elles nous savent gré de notre modération. Au surplus, toutes les suggestions qui nous sont faites reposent sur l'abandon de la forteresse de Luxembourg par la Prusse et c'est un point sur lequel les trois Cabinets paraissent unanimes. Nous sommes autorisés à supposer, d'après la conformité des idées qui nous sont exprimées de différents côtés, que les Puissances se sont consultées à ce sujet, et qu'elles sont toutes également portées à reconnaître et à faire entendre à Berlin qu'il y a lieu de tenir compte de notre dignité et de nos intérêts.

Agréz, etc.

Signé MOUSTIER.

LE MINISTRE DES AFFAIRES ÉTRANGÈRES
aux Agents diplomatiques de l'Empereur à Londres, Vienne,
Florence et Saint-Pétersbourg.

Paris, le 15 avril 1867.

Monsieur, les événements qui se sont passés l'année dernière en Allemagne, et les changements considérables qu'ils ont introduits dans les relations des États germaniques entre eux, ainsi que dans leur situation vis-à-vis des autres États européens, ne pouvaient laisser les Cabinets indifférents en présence de l'incertitude prolongée qui pesait sur la position internationale de la province du Limbourg et du Grand-Duché de Luxembourg. Je n'ai pas besoin de mettre en relief combien était incontestable le droit du Gouvernement français, quand il espérait que cette question serait résolue de manière à ne pas constituer une extension nouvelle de l'influence prussienne du côté de la France, et que la citadelle de Luxembourg, qui appartenait au Roi des Pays-Bas, ne fournirait pas à une autre puissance, déjà si fortifiée par de récents accroissements, le moyen de menacer, d'une manière permanente, notre frontière et celle de la Belgique. Cependant, préoccupés avant tout des intérêts de la paix générale, et soucieux, par conséquent, de ne rien faire qui risquât de compromettre nos rapports de voisinage en mettant en jeu l'amour-propre d'une nation fière de récents succès, nous nous sommes abstenus de toute observation sur la lenteur que le Gouvernement de Berlin mettait à régler avec qui de droit les conditions d'existence du Limbourg et du Luxembourg.

Le Roi des Pays-Bas pouvant toutefois, moins que nous encore, rester dans une pénible indécision sur des questions qui le touchaient si directement, a été conduit, par une certaine communauté d'intérêts, à nous entretenir de ses appréhensions, et à faire ressortir, non-seulement le silence que le Gouvernement prussien avait jusqu'ici opposé à toutes ses réclamations, mais aussi les prétentions inquiétantes qu'il laissait entrevoir. C'est dans de telles circonstances, et à une date très-récente, que nous avons été naturellement amenés à ouvrir, avec la Cour de la Haye, des pourparlers confidentiels. Dans l'examen auquel a donné lieu plus spécialement l'avenir du Grand-Duché, la possibilité de la cession de cette province à la France a été admise par le Roi, qui s'en croyait et s'en croit encore seul légitime souverain. Je tiens à dire que nous n'étions mus, en ce qui nous concerne, par aucune pensée d'agrandissement territorial; nous ne poursuivons aucun but de cette nature, et nous sommes uniquement préoccupés d'assurer à nos frontières leurs conditions légitimes de sécurité.

Il était tout aussi loin de notre pensée de léser aucun droit, et la cession pour nous était subordonnée d'avance aux trois conditions énumérées dans la déclaration que, par ordre de l'Empereur, j'ai faite devant le Sénat et le Corps législatif, c'est-à-dire le consentement libre du Grand-Duc de Luxembourg, le vœu des populations manifesté par le suffrage universel, et l'examen loyal des intérêts des grandes Puissances.

Nous n'avions en particulier nul désir d'inquiéter ou d'offenser la Prusse, et les entretiens intimes qui, jusqu'au dernier moment, ont eu lieu entre notre Ambassadeur à Berlin et le premier Ministre de Sa Majesté le Roi Guillaume, étaient de telle nature qu'aucune incertitude sur nos intentions ne pouvait exister dans l'esprit de M. le Comte de Bismarck. De notre côté, nous nous croyions toutes sortes de droits à supposer que la Prusse voulait apporter dans ses relations avec nous des sentiments amicaux et désintéressés; qu'elle ne cherchait pas à étendre son influence à notre détriment et tenait un compte suffisant des nécessités de notre situation défensive. Nous n'avons donc pas pensé que le Cabinet de Berlin songeât à maintenir une garnison à Luxembourg. Nous pouvions même croire qu'il envisagerait l'arrangement, plutôt politique que territorial, qui ferait passer pacifiquement le Grand-Duché de Luxembourg entre les mains de la France, comme une occasion d'établir entre l'Allemagne et nous un échange de bons sentiments et de bons procédés qui donneraient à la tranquillité de l'Europe les plus sérieuses garanties.

Nous serions donc bien éloignés de faire aujourd'hui une cause de guerre d'une combinaison qui nous avait paru renfermer un gage de paix.

Aussi avons-nous admis, sans hésiter, l'examen des Traités, et nous avons déclaré que nous étions disposés à y procéder de concert avec les autres Gouvernements de l'Europe.

Je me résumerai en disant qu'après les récentes déclarations de M. de Bismarck, aucun doute ne subsistant plus sur l'indépendance *de caractère européen* dont jouit le Grand-Duché de Luxembourg, aucun doute ne saurait subsister non plus sur le droit absolu dont le Grand-Duc a usé en entrant avec nous en négociations pour nous transférer une possession qui lui appartenait en propre.

Mais j'ajouterai que nos préoccupations se concentrant exclusivement sur les considérations qui touchent à la sécurité de notre frontière, nous n'exclurons *a priori* aucune combinaison qui nous donnerait une suffisante satisfaction à cet égard.

Le Gouvernement de l'Empereur est donc disposé à entrer dans toutes les pensées de conciliation compatibles avec sa dignité et ses devoirs envers le Pays. Il croit fermement que les Puissances ne méconnaîtront pas et amèneront la Prusse à reconnaître les intérêts généraux engagés dans cette question.

Le retrait de la garnison de Luxembourg nous rendra possible de renoncer nous-mêmes à un territoire dont la cession était consentie en notre faveur par son légitime souverain, et où nous appelaient les vœux des populations; la paix de l'Europe sera ainsi assurée; nous ne désirons pas autre chose.

C'est là, Monsieur, ce que vous devez mettre en lumière en toute occasion, et vous ne manquerez pas de rectifier toutes les idées erronées dont vous pourriez constater l'existence, aussi bien dans l'ordre des faits qu'en ce qui touche à nos sentiments et à nos intentions.

Cette dépêche est absolument confidentielle.

Agréez, etc,

Signé MOUSTIER,

LE MINISTRE DES AFFAIRES ÉTRANGÈRES

à M. le Duc DE GRAMONT, Ambassadeur de France à Vienne.

Paris, le 17 avril 1867.

Monsieur le Duc, je vous ai entretenu verbalement des dispositions que le Cabinet de Vienne nous a témoignées au sujet de l'affaire du Luxembourg. Vous savez que le Prince de Metternich avait été chargé de me faire part des vues du Baron de Beust sur les combinaisons qui pourraient être adoptées pour donner satisfaction à nos légitimes préoccupations. M. l'Ambassadeur d'Autriche m'a lu, le 14, une dépêche renfermant l'exposé des vues que la Cour de Vienne soumet aux Puissances. Nous avons pleinement apprécié les sentiments amicaux dont M. de Beust a fait preuve dans cette circonstance, et j'ai prié le Prince de Metternich de l'en remercier. J'ai en même temps exposé à l'Ambassadeur de Sa Majesté Impériale et Royale les considérations qui dominent la situation à nos yeux et auxquelles nous devons subordonner notre conduite. Ainsi que je l'ai dit dans ma dépêche confidentielle du 15, nous n'excluons *a priori* aucun arrangement qui tiendrait un compte suffisant de notre dignité et de nos intérêts; mais nous regardons comme la condition essentielle de toute combinaison acceptable pour nous l'évacuation de la forteresse de Luxembourg par les troupes prussiennes, et décidés à ne prendre à ce sujet aucune initiative, nous nous en remettons aux Puissances du soin de déterminer la Prusse à faire à cet égard les concessions nécessaires pour assurer la paix. C'est en ce sens que j'ai répondu au Cabinet de Vienne, et je me suis exprimé dans les mêmes termes avec les Cours d'Angleterre et de Russie.

Agréez, etc.

Signé MOUSTIER.

M. le Baron de Talleyrand, Ambassadeur de France à Saint-Pétersbourg,

au Ministre des Affaires étrangères.

Saint-Pétersbourg, le 18 avril 1867.

Monsieur le Marquis, j'ai donné confidentiellement lecture au Prince Gortchakoff, comme vous m'y aviez autorisé, de la dépêche que vous avez adressée, le 6 avril, à M. l'Ambassadeur de France à Berlin, sur les interpellations qu'a provoquées dans le Parlement allemand la situation politique du Grand-Duché de Luxembourg. Son Excellence s'est montrée sensible à cette marque de confiance, et m'a exprimé sa satisfaction de voir le calme et la modération dont faisait preuve le Gouvernement de l'Empereur. Le Vice-Chancelier a reconnu qu'il était difficile de témoigner des sentiments plus pacifiques en termes plus courtois, et il m'a donné à entendre que l'Empereur Alexandre s'emploierait volontiers à faciliter au besoin une solution équitable et de nature à offrir à la France des bases acceptables d'accomodement.

Veuillez agréer, etc.

Signé TALLEYRAND.

Le Ministre des Affaires étrangères

à l'Ambassadeur de France à Saint-Pétersbourg.

Paris, le 18 avril 1867.

Monsieur le Baron, par votre télégramme du 14 de ce mois, vous m'annoncez que mon dernier courrier a produit une impression très-favorable sur l'esprit de l'Empereur Alexandre et du Prince Gortchakoff. Le Vice-Chancelier vous a dit qu'il s'abstiendrait de faire connaître à Berlin l'opinion du Cabinet russe sur l'affaire du Luxembourg, tant qu'il ne saurait pas comment la question serait officiellement posée. Il vous a renouvelé hier la même assurance. Nous sommes heureux d'apprendre que la Cour de Russie n'a aucun engagement à cet égard avec la Prusse, et je vous ai écrit ce matin par le télégraphe pour vous faire connaître la satisfaction avec laquelle nous en prenons acte.

Je vous ai mandé également que nous avons accueilli avec empressement les propositions du Cabinet de Vienne, en faisant observer que nous bornions nos désirs à l'évacuation de la forteresse par les troupes prussiennes. J'avais développé, au surplus, la manière de voir et les intentions du Gouvernement de l'Empereur sur l'ensemble de la question du Luxembourg dans ma dépêche du 15 de ce mois. Je ne puis que me référer ici à ce document, en exprimant de nouveau l'espoir que, dans l'intérêt de la paix européenne, les Puissances s'entendront pour régler les conditions d'un accord avec la Prusse.

D'après les impressions recueillies par lord Loftus dans un entretien récent avec M. de Bismarck, le Cabinet de Berlin paraissait admettre que si la proposition d'une conférence lui était faite, il ne pourrait la décliner. Mais le premier ministre du Roi de Prusse ne se prononçait pas sur le point essentiel pour nous, c'est-à-dire sur l'évacuation, et il se répandait en plaintes contre nos prétendues dispositions à faire la guerre à l'Allemagne. Nul ne sait mieux que M. de Bismarck combien de pareilles imputations sont dénuées de fondement. En suivant avec la Prusse des pourparlers confidentiels, dont son langage antérieur nous autorisait à espérer un meilleur résultat, nous n'avions, au contraire, d'autre but que de consolider pour de longues années la paix de l'Europe, en lui donnant pour base des rapports de confiance et d'amitié entre la France et l'Allemagne. Toute notre conduite proteste contre le soupçon d'arrière-pensées belliqueuses de notre part, et vous ne sauriez trop vous élever contre de pareilles allégations, si elles se produisaient à Saint-Pétersbourg.

Agréez, etc.

Signé Moustier.

L'Ambassadeur de France à Saint-Pétersbourg
au Ministre des Affaires étrangères.

(DÉPÊCHE TÉLÉGRAPHIQUE.)

Pétersbourg, le 20 avril 1867.

Le Prince Gortchakoff me charge de vous dire que l'Empereur Alexandre travaille chaleureusement à la solution pacifique de la question du Luxembourg, et que les nouvelles qu'il reçoit sont assez favorables.

Le Prince reconnaît hautement notre modération et il admet que le droit d'occupation de la Prusse est contestable.

L'Ambassadeur de France à Berlin
au Ministre des Affaires étrangères.

(DÉPÊCHE TÉLÉGRAPHIQUE.)

Berlin, le 21 avril 1867.

Lord Loftus a reçu ses instructions : il attend, pour s'y conformer, le retour du Comte de Bismarck, qui arrive après-demain.

L'Ambassadeur de France à Londres
au Ministre des Affaires étrangères.

Londres, le 21 avril 1867.

Monsieur le Marquis, M. l'Ambassadeur de Russie m'avait communiqué, dans la matinée, une dépêche télégraphique qu'il venait de recevoir de Saint-Pétersbourg, et dans laquelle le Prince Gortchakoff

lui annonçait que la France considérait la question du Luxembourg
comme une question européenne, qu'elle ne réclamait aucun avantage
pour elle-même, et qu'il était permis d'espérer que la Prusse consen-
tirait, moyennant la neutralisation du Luxembourg garantie par
les Puissances, à évacuer la forteresse. M. le Baron de Brunnow
pensait, lui aussi, que ce résultat pouvait être atteint, si l'Angleterre
et l'Autriche voulaient bien exercer, d'accord avec la Russie, une pression suffisante à Berlin. Mon collègue, dans cette conviction, doit voir
demain lord Stanley, qui se trouve absent de Londres aujourd'hui,
et il me rendra compte ensuite de son entretien. Je verrai moi-même
lord Stanley demain.

M. l'Ambassadeur d'Autriche a été chargé de son côté, il y a quelques
jours, de soumettre au principal Secrétaire d'État de la Reine les deux
combinaisons mises en avant par le Cabinet de Vienne.

Veuillez agréer, etc.

Signé Prince DE LA TOUR D'AUVERGNE.

LE MINISTRE DES AFFAIRES ÉTRANGÈRES

    aux Ambassadeurs de France à Londres, Saint-Pétersbourg,
Vienne, Berlin.

(DÉPÊCHE TÉLÉGRAPHIQUE.)

Paris, le 25 avril 1867.

Le Prince de Metternich m'annonce que son Gouvernement vient
d'adresser à ses Représentants à Londres, à Pétersbourg et à Berlin,
une note tendant à combiner les efforts que les trois Puissances font,
dans cette dernière ville, pour préparer un arrangement de l'affaire du
Luxembourg. La question de principe y est posée, et le droit de la Prusse
de maintenir, sans le consentement exprès du légitime souverain,
une garnison dans un pays qui ne lui appartient pas, contesté. On
suggère l'idée d'une demande d'évacuation, qui serait adressée par le

Roi Grand-Duc, et que la renonciation de la France au droit de profiter de la cession du Grand-Duché ôterait au Cabinet de Berlin tout prétexte de décliner.

M. LE BARON DE MALARET, MINISTRE DE FRANCE à Florence,
   au Ministre des Affaires étrangères.

Florence, le 26 avril 1867.

Monsieur le Marquis, conformément à vos instructions, j'ai donné confidentiellement lecture à M. Rattazzi de la dépêche que Votre Excellence a adressée à l'Ambassadeur de l'Empereur à Berlin, sous la date du 6 avril. Je me propose de faire une démarche pareille auprès de M. le Ministre des Affaires étrangères, que je n'ai pu rencontrer ce matin, mais que je verrai certainement ce soir ou demain au plus tard. M. le Président du Conseil rend pleine justice à la modération de la France, à la justesse de ses appréciations en ce qui touche les questions de droit qui ont été soulevées à propos du Luxembourg, et il fait des vœux pour que le Gouvernement prussien, inspiré du même esprit de sagesse et soucieux, comme nous le sommes nous-mêmes, d'épargner à l'Europe le fléau de la guerre, consente à revenir sur celles de ses prétentions qui seraient incompatibles avec la sécurité et la dignité de la France. L'Italie ne reste point inactive sur le terrain diplomatique : le Ministre du Roi à Berlin a reçu l'ordre de s'associer aux démarches qui pourront être faites par les Représentants des grandes Puissances pour amener la solution pacifique des difficultés actuelles, et dans la journée d'hier, il a dû remettre à M. le Comte de Bismarck une note où se trouve développée et recommandée une combinaison impliquant l'évacuation de la forteresse de Luxembourg par la Prusse.

Veuillez agréer, etc.

Signé MALARET.

L'Ambassadeur de France à Berlin
au Ministre des Affaires étrangères.

(*dépêche télégraphique.*)

Berlin, le 26 avril 1867.

Le Ministre de Russie a fait au Comte de Bismarck les communications qu'il avait été chargé de lui soumettre et qui tendent à la neutralisation du Luxembourg. Le Président du Conseil, suivant ce que m'en a dit M. d'Oubril, s'est montré personnellement disposé à accueillir un arrangement fondé sur cette base, mais lui a déclaré qu'il ne pourrait lui donner une réponse définitive qu'après avoir pris les ordres du Roi. Mon collègue semble croire que les efforts des Puissances ne resteront pas infructueux. Il a signalé au Comte de Bismarck le langage des journaux officieux en lui faisant remarquer le retentissement regrettable qu'il avait en France et en Allemagne. Le Président du Conseil en a décliné la responsabilité.

L'Ambassadeur de France à Berlin
au Ministre des Affaires étrangères.

(*dépêche télégraphique.*)

Berlin, le 26 avril 1867.

Lord Loftus a vu M. de Bismarck. Il vient de télégraphier à Londres le résultat de son entretien. Ce qu'il m'en a appris peut se résumer ainsi : on convoquerait à Londres les conférences dont la réunion serait provoquée par le Roi des Pays-Bas dans le but de fixer la situation internationale du Luxembourg. Les Puissances s'y feraient représenter sans engagement préalable, de manière à ce que la concession pût être faite à l'Europe et non à l'une des Cours intervenantes.

L'Ambassadeur de France à Saint-Pétersbourg

au Ministre des Affaires étrangères.

(*DÉPÊCHE TÉLÉGRAPHIQUE.*)

Saint-Pétersbourg, le 26 avril 1867.

Le prince Gortchakoff vient de recevoir le consentement de la Prusse à l'ouverture d'une négociation collective à Londres sur la base de la neutralisation du Grand-Duché de Luxembourg, placé dorénavant sous la garantie de l'Europe.

Selon le Vice-Chancelier, cette combinaison entraînera l'évacuation de la forteresse devenue ainsi inutile.

———

L'Ambassadeur de France à Londres

au Ministre des Affaires étrangères.

Londres, le 26 avril 1867.

Monsieur le Marquis, le télégramme que Votre Excellence m'a fait l'honneur de m'adresser hier soir m'est exactement parvenu. L'Ambassadeur d'Autriche à Londres a, en effet, reçu ce matin, avec ordre d'en donner connaissance au principal Secrétaire d'État de la Reine, le texte d'une dépêche destinée au Ministre d'Autriche à Pétersbourg, dans laquelle le Baron de Beust, après s'être montré disposé à considérer comme douteux le droit de la Prusse de maintenir, sans le consentement du Souverain légitime, une garnison dans un pays qui ne lui appartient pas, invite le Comte de Revertera à demander au Prince Gortchakoff de combiner ses efforts avec ceux de l'Angleterre et de l'Autriche pour amener une solution pacifique de l'affaire du Luxembourg. C'est là, du moins, ce qui m'a paru résulter de la lecture que le Comte Apponyi a bien voulu me faire de quelques passages des dépêches qu'il avait reçues et qu'il se proposait de communiquer, dans la journée, au principal Secrétaire d'État de la Reine.

L'Ambassadeur de Russie m'a prévenu, de son côté, que le Prince Gortchakoff examinait, dans une dépêche qu'il venait de lui adresser, les différentes combinaisons au moyen desquelles il serait, suivant lui, possible d'obtenir de la Prusse l'évacuation de la forteresse de Luxembourg, et l'invitait à suggérer à lord Stanley l'idée de recourir, pour faciliter une entente entre les Puissances, à une délibération collective, en indiquant Londres comme le lieu où cette délibération pourrait le plus convenablement s'ouvrir.

Enfin, M. le Ministre d'Italie m'a fait savoir qu'il était chargé, par son Gouvernement, d'annoncer au principal Secrétaire d'État de la Reine que le Cabinet de Florence désirait associer ses efforts à ceux des Puissances qui agissent en faveur du maintien de la paix.

Lord Stanley n'a repoussé aucune de ces ouvertures, mais il croit que, avant d'entrer en discussion sur la valeur pratique de telle ou telle combinaison, il convient de savoir si la Prusse est ou non disposée à retirer ses troupes du Luxembourg. A l'heure où je l'ai quitté aujourd'hui, il n'avait pas encore reçu de réponse de Berlin à ce sujet.

Veuillez agréer, etc.

Signé Prince DE LA TOUR D'AUVERGNE.

LE MINISTRE DES AFFAIRES ÉTRANGÈRES

à l'Ambassadeur de France à Vienne.

Paris, le 27 avril 1867.

Monsieur le Duc, ainsi que je vous l'ai mandé par ma dépêche télégraphique du 25 de ce mois, M. le Prince de Metternich m'a annoncé que son Gouvernement venait d'adresser à ses Représentants à Londres, à Saint-Pétersbourg et à Berlin, un note tendant à combiner les efforts que les trois Puissances font auprès de la Cour de Prusse pour préparer un arrangement de l'affaire du Luxembourg. Votre télégramme du 26 m'a confirmé ce que m'avait confié M. de Metternich, en ajoutant que M. l'Ambassadeur d'Autriche était chargé de me

donner lecture de la dépêche de M. le Baron de Beust. Vous m'avez
fait savoir, en outre, le même jour et par la même voie, qu'il résultait
d'une communication de la légation d'Autriche à Berlin, que le Roi
et M. de Bismarck paraissaient disposés à admettre l'évacuation du
Luxembourg, si le Roi de Hollande en faisait la demande.

Je reçois simultanément de Berlin et de Saint-Pétersbourg des informations analogues. M. le Baron de Talleyrand m'annonce, à la date
du 26, que le Prince Gortchakoff venait de recevoir le consentement
de la Prusse à l'ouverture d'une négociation collective qui aurait lieu
à Londres, et qui, dans l'opinion du Vice-Chancelier, aurait pour conséquence l'évacuation de la forteresse. L'Ambassadeur de Sa Majesté
à Berlin, en me faisant connaître, d'autre part, ce qu'il savait du résultat des démarches du Ministre de Russie, ajoute, suivant ce que lui
en a dit M. d'Oubril lui-même, que le Président du Conseil, personnellement disposé à accueillir un arrangement de cette nature, a déclaré
ne pouvoir donner une réponse définitive qu'après avoir pris les ordres
du Roi. Le Représentant du Gouvernement russe exprimait l'espoir que
les efforts des Puissances ne resteraient pas infructueux.

Agréez, etc.

Signé Moustier.

L'Ambassadeur de France à Saint-Pétersbourg
au Ministre des Affaires étrangères.

Saint-Pétersbourg, le 27 avril 1867.

Monsieur le Marquis, je remercie Votre Excellence des informations qu'elle a bien voulu me transmettre au sujet du Luxembourg; j'en
ai fait immédiatement usage, et je me suis rendu chez le Ministre
d'Autriche avant d'entretenir le Vice-Chancelier de la proposition
adressée par M. le Baron de Beust à la Prusse, l'Angleterre et la
Russie, de combiner leurs efforts pour arranger à Berlin la question
du Luxembourg. Le Comte de Revertera m'a lu les instructions que

son Gouvernement lui avait fait parvenir la veille et dont il avait donné connaissance le jour même au prince Gortchakoff. Elles sont conçues dans l'esprit que vous avez bien voulu m'indiquer, en résumant dans une dépêche télégraphique la récente communication du prince de Metternich.

Mon collègue m'a dit que le Vice-Chancelier, tout en approuvant les tentatives de l'Autriche en vue du maintien de la paix, lui avait répondu que la Russie avait déjà proposé la réunion d'une conférence diplomatique à Londres, qu'elle avait dit nettement à Berlin que le droit de la Prusse d'occuper la forteresse de Luxembourg lui paraissait très-contestable, qu'il ne pouvait y avoir atteinte pour son honneur à déférer au conseil d'évacuer cette place, s'il lui était unanimement donné par les grandes Puissances, et qu'enfin on lui avait fait envisager toutes les difficultés de la situation où elle se placerait en refusant de souscrire à un arrangement qui paraissait acceptable à chaque Cabinet. Dans cet état de choses, le prince Gortchakoff croyait devoir attendre avant tout la réponse à ses propres propositions.

Je suis arrivé chez le Vice-Chancelier au moment où il venait de recevoir de Berlin cette réponse. Le prince de Reuss lui avait apporté l'assentiment officiel de sa Cour à l'ouverture d'une négociation collective à Londres, basée sur la neutralisation du Grand-Duché de Luxembourg, neutralisation qui serait dorénavant placée sous la garantie de l'Europe. Le prince Gortchakoff, justement satisfait du résultat qu'il avait obtenu, s'est empressé d'ajouter, en m'en donnant la nouvelle, qu'il considérait l'adhésion de la Prusse comme impliquant son consentement à l'évacuation de la forteresse, puisque, par suite de l'arrangement proposé, cette place devait perdre toute son importance au point de vue agressif ou défensif. « J'aime à penser, a-t-il dit, ne voulant pas désespérer de la raison humaine, que le Gouvernement prussien le comprendra ainsi. »

Veuillez agréer, etc.

Signé Talleyrand.

LE MINISTRE DES AFFAIRES ÉTRANGÈRES

au Ministre de France à la Haye.

Paris, le 28 avril 1867.

Monsieur, j'ai eu l'honneur de vous communiquer la dépêche que j'ai écrite à M. Benedetti, en date du 6, à la suite des interpellations qui ont eu lieu dans le Parlement de l'Allemagne du Nord. Je me bornais, dans ce document, à prendre acte de certaines déclarations de M. de Bismarck, en évitant de faire naître une discussion qu'il ne pouvait nous convenir d'engager. Nous nous sommes maintenus depuis lors dans la même réserve avec le Cabinet de Berlin. Mais nous avons jugé opportun d'exposer aux grandes Puissances notre situation dans l'affaire du Luxembourg et les considérations qui devaient dominer notre politique. J'ai, à cet effet, adressé, en date du 15, aux Représentants de l'Empereur la circulaire confidentielle que vous trouverez ci-jointe. Après avoir mis hors de doute le droit dont le Roi Grand-Duc a usé en entrant en négociation avec nous pour nous transférer la possession du Luxembourg, nous avons indiqué l'évacuation de la forteresse par les troupes prussiennes comme la seule condition qui pourrait nous faire renoncer à la cession consentie en notre faveur. Les Puissances ont reconnu la modération dont le Gouvernement de Sa Majesté faisait preuve en ouvrant ainsi la voie à une transaction, et elles nous ont offert leurs bons offices, que nous avons acceptés. Nous avons tenu, d'ailleurs, à rester dans la même attitude d'abstention à l'égard de la Prusse, aussi bien par un sentiment de dignité que pour ne pas faire intervenir les susceptibilités nationales dans une question qui est avant tout, à nos yeux, une question de droit public européen. L'Autriche, la Grande-Bretagne et la Russie ont donc ouvert des pourparlers avec le Cabinet de Berlin. Les extraits que je vous transmets de la correspondance de M. Benedetti vous mettront au courant des premiers résultats de leurs efforts. Ainsi que je vous l'écrivais avant-hier par le télégraphe, je crois à une solution pacifique; mais il importe que le Roi des Pays-Bas s'abstienne de toute démarche jusqu'à ce que les trois

Cours soient tombées pleinement d'accord avec la Prusse et avec nous sur la manière de procéder pour faire intervenir dans la négociation les Parties intéressées. J'aurai soin de vous instruire sans retard de ce qui aura été décidé.

Recevez, etc.

Signé MOUSTIER.

LE MINISTRE DES AFFAIRES ÉTRANGÈRES
    au Ministre de France à la Haye.

(DÉPÊCHE TÉLÉGRAPHIQUE.)

Paris, le 29 avril 1867.

J'attendais pour vous donner des instructions que les Puissances se fussent mises d'accord sur la procédure à suivre. Puisqu'elles sont d'avis que le Roi des Pays-Bas doit prendre l'initiative de la convocation d'une conférence à Londres, dites à M. de Zuylen que le Gouvernement français n'a aucune objection à y faire.

L'AMBASSADEUR DE FRANCE à Londres
    au Ministre des Affaires étrangères.

(DÉPÊCHE TÉLÉGRAPHIQUE.)

Londres, le 30 avril 1867.

L'Angleterre invite son Représentant à la Haye à engager le Roi Grand-Duc à provoquer la réunion de la conférence pour le 7 mai à Londres.

7.

L'Ambassadeur de France à Berlin

au Ministre des Affaires étrangères.

(DÉPÊCHE TÉLÉGRAPHIQUE.)

Berlin, le 30 avril 1867.

Déférant à la manière de voir de lord Stanley, le Gouvernement russe a fait inviter, par le Ministre de Hollande à Pétersbourg, le Roi des Pays-Bas à prendre l'initiative de la proposition pour réunir la conférence. M. d'Oubril a été chargé d'en instruire les Représentants de la Russie accrédités auprès des grandes Puissances.

M. le Comte Cowléy, Ambassadeur d'Angleterre à Paris,

au Ministre des Affaires étrangères.

Paris, le 30 avril 1867.

Traduction.

Monsieur le Ministre, conformément aux instructions que j'ai reçues du principal Secrétaire d'État de Sa Majesté pour les Affaires étrangères, j'ai l'honneur de faire à Votre Excellence la communication suivante.

Comme il résulte des communications que le Gouvernement de Sa Majesté a reçues directement avant-hier, par l'entremise de l'Ambassadeur de Prusse et des différents télégrammes émanant des Représentants de Sa Majesté à Paris, Berlin et Vienne, que les Gouvernements de France et de Prusse sont prêts à discuter en conférence avec les autres Gouvernements signataires du Traité de 1839 la combinaison la plus propre à résoudre la question qui s'est élevée entre eux au sujet du Grand-Duché de Luxembourg, dans le but de maintenir la paix générale en Europe, et qu'ils désirent, en outre, voir s'ouvrir la discus-

sion sur les bases de la neutralisation de la forteresse, ce qui implique
comme une conséquence nécessaire le retrait de la garnison prussienne
qui l'occupe en ce moment, et la renonciation de la France à toute
prétention sur le Duché où la forteresse, le Gouvernement de Sa Majesté n'hésitera pas plus longtemps à faire savoir aux différents Gouvernements qui ont pris part aux Traités de 1839, qu'en ce qui le
concerne, il est prêt à entrer dans une conférence, dans le but indiqué plus haut, et à faire tous ses efforts pour donner à la question en
litige une solution prompte et satisfaisante.

Le Gouvernement de Sa Majesté, je suis autorisé à le déclarer, ne
se croit pas appelé à envoyer aux autres Puissances l'invitation de se
réunir en conférence; mais il est prêt à accepter une semblable invitation de quelque Puissance qu'elle lui vienne. Néanmoins, s'il s'élève
une difficulté sur le choix du Cabinet qui devrait prendre cette initiative, il semble au Gouvernement de Sa Majesté que ce serait au Roi
de Hollande, comme souverain territorial, qu'elle pourrait appartenir.

On a suggéré l'idée que la conférence, si elle se réunissait, pourrait
se tenir à Londres, et j'ai l'ordre d'informer Votre Excellence que, si
la voix générale des Puissances désignait la capitale de l'Angleterre,
le Gouvernement de Sa Majesté verrait avec plaisir la réunion dans
cette ville des Représentants des différentes Puissances, et qu'il faciliterait, par tous les moyens en son pouvoir, la négociation dans laquelle
s'engageraient ces Représentants.

Je profite de cette occasion, etc.

Signé Cowley.

Le Ministre des Affaires étrangères

à l'Ambassadeur d'Angleterre à Paris.

Paris, le 1er mai 1867.

Monsieur l'Ambassadeur, j'ai reçu la communication que Votre

Excellence m'a fait l'honneur de m'adresser en date d'hier conformément aux instructions du principal Secrétaire d'État de Sa Majesté Britannique.

Suivant les termes de ce document, il résulte des informations parvenues au Cabinet anglais que le Gouvernement de l'Empereur et celui de Sa Majesté le Roi de Prusse sont disposés à se réunir en conférence avec les autres Puissances signataires des Traités de 1839, pour examiner la combinaison la plus propre à régler, dans l'intérêt du maintien de la paix générale, la question qui s'est élevée au sujet du Grand-Duché de Luxembourg, et qu'ils désirent voir la délibération s'ouvrir sur la base de la neutralisation de la forteresse de Luxembourg, ce qui implique, comme conséquence nécessaire, le retrait de la garnison prussienne qui l'occupe en ce moment, et la renonciation de la France à toute prétention sur le Grand-Duché ou la forteresse.

Votre Excellence ajoute que, dans cet état de choses, le Gouvernement de la Reine n'hésitera pas plus longtemps à faire savoir aux divers Cabinets signataires des Traités de 1839 qu'il est prêt, en ce qui le concerne, à prendre part à une conférence dans le but indiqué, et à faire tous ses efforts pour donner à la question en litige une solution prompte et satisfaisante.

Le Gouvernement anglais ne se croit pas appelé à adresser aux autres Cours l'invitation de participer à ces délibérations, mais il est prêt à accepter une semblable invitation de la part de toute autre Puissance ; néanmoins, s'il s'élève une difficulté sur le choix du Cabinet qui devrait prendre cette initiative, il lui semble qu'elle appartiendrait naturellement au Roi de Hollande, comme souverain territorial.

L'idée que la conférence pourrait se tenir à Londres ayant été mise en avant, Votre Excellence veut bien m'annoncer également que si la voix générale des Puissances désignait la capitale de l'Angleterre, le Gouvernement de Sa Majesté Britannique verrait avec plaisir la réunion dans cette ville de leurs Représentants et qu'il faciliterait les négociations de tout son pouvoir.

Je n'ai pas manqué de rendre compte de cette communication à l'Empereur, et je suis autorisé à vous faire savoir que n'ayant rien de

plus à cœur que de voir les difficultés relatives à la question du
Luxembourg réglées de manière à assurer le maintien de la paix générale, le Gouvernement de Sa Majesté adhère complétement à la réunion d'une conférence sur les bases indiquées par le Cabinet anglais.
Nous donnons également notre entier assentiment au choix de Londres
comme siége des négociations. Après s'être concerté avec le Gouvernement de Sa Majesté Britannique, le Roi des Pays-Bas prend aujourd'hui l'initiative d'une proposition à cet égard et demande que les
Plénipotentiaires soient convoqués pour le 7. Des pleins pouvoirs vont
être immédiatement adressés à l'Ambassadeur de l'Empereur à Londres
pour le mettre en mesure de participer aux délibérations.

Je suis heureux d'avoir à vous annoncer la résolution du Gouvernement de Sa Majesté, et en priant Votre Excellence de vouloir bien
en donner connaissance au principal Secrétaire d'État de la Reine, je
me félicite avec vous des espérances sérieuses que font naître en faveur
de la paix les négociations à l'ouverture desquelles le Cabinet anglais
aura si puissamment contribué.

Agréez, etc.

Signé Moustier.

LE BARON DE TORNACO, MINISTRE D'ÉTAT, PRÉSIDENT DU GOUVER-
NEMENT GRAND-DUCAL DE LUXEMBOURG,

au Ministre de France à la Haye.

La Haye, le 1er mai 1867.

Monsieur le Ministre, le Roi Grand-Duc de Luxembourg, ayant été
informé du désir unanime des Puissances signataires du Traité du
19 avril 1839 de délibérer sur la question du Luxembourg, en vue
d'assurer le maintien de la paix générale et de créer aux populations
luxembourgeoises une situation conforme à leurs vœux, et après
s'être concerté avec le Gouvernement britannique, qui a proposé

le 7 mai prochain comme une date à laquelle les Représentants des-
dites Puissances pourraient se réunir en conférence à Londres, a
chargé le soussigné de soumettre cette proposition au Gouvernement
de S. M. l'Empereur des Français.

En s'acquittant des ordres de S. M. le Roi Grand-Duc, le soussigné
a l'honneur de prier Votre Excellence de bien vouloir prêter son
entremise bienveillante afin de porter à la connaissance du Cabinet
des Tuileries la communication qui précède, et il saisit cette occasion
pour vous offrir, Monsieur le Ministre, l'assurance de sa haute considération.

Le Ministre d'État,
Président du Gouvernement Grand-Ducal de Luxembourg,

Signé Baron DE TORNACO.

LE MINISTRE DES AFFAIRES ÉTRANGÈRES

au Ministre de France à la Haye.

Paris, le 1ᵉʳ mai 1867.

Monsieur, le Gouvernement néerlandais a invité M. Lightenvelt à
me communiquer une dépêche télégraphique en date du 30 avril, portant que le Roi Grand-Duc venait de prier l'Angleterre de convoquer
une conférence à Londres pour reviser le Traité de 1839 au sujet du
Luxembourg. Je recevais en même temps de M. l'Ambassadeur d'Angleterre la communication dont vous trouverez ci-joint copie.

Je vous envoie également ci-annexée une copie de ma réponse à
M. l'Ambassadeur d'Angleterre.

Ayant reçu aujourd'hui un télégramme par lequel vous m'annoncez
vous-même qu'après s'être concerté avec le Gouvernement britannique, le Roi Grand-Duc a proposé de réunir la conférence à Londres
le 7 de ce mois, je fais préparer les pleins pouvoirs qui sont néces-

saires à l'Ambassadeur de l'Empereur à Londres pour prendre part
aux délibérations et ils vont lui être incessamment expédiés. Je vous
prie de vouloir bien faire savoir à M. le comte de Zuylen que j'ai
reçu communication de la dépêche télégraphique que M. Lightenvelt
a été chargé de me remettre, et porter en même temps à la connaissance de M. le Ministre d'État du Grand-Duché la résolution du Gouvernement de l'Empereur.

Recevez, etc.

Signé MOUSTIER.

———

COMMUNICATION FAITE AU SÉNAT ET AU CORPS LÉGISLATIF PAR M. LE MINISTRE DES AFFAIRES ÉTRANGÈRES.

13 mai 1867.

La Conférence de Londres a terminé ses travaux, et, réunis le 7 de
ce mois, les Plénipotentiaires ont signé, le 11, le Traité qui détermine
d'une manière définitive la situation internationale du Grand-Duché
de Luxembourg. Le Gouvernement français s'était depuis longtemps
préoccupé de l'état d'indécision où demeurait une question si impor-
tante pour la sécurité de nos frontières. Que cette sécurité fût assurée
par la réunion du Grand-Duché à la France ou par toute autre combinaison, le point capital pour nous était que la Prusse, dans la condition
nouvelle que lui avaient faite les derniers changments européens, ne
conservât pas, au delà de ses limites et en dehors de tout droit inter-
national, un établissement militaire qui constituait vis-à-vis de nous
une osition éminemment offensive.

Nous étions autorisés à espérer que nos relations amicales avec le
Cabinet de Berlin prépareraient une solution favorable, car notre
intention a toujours été de ménager les justes susceptibilités de la Prusse
et d'admettre, dans une question qui avait à nos yeux un caractère
européen, l'examen loyal des Traités et de l'intérêt des Grandes Puissances.

Nous nous sommes empressés de le déclarer et d'écarter par cette déclaration toute cause de conflit.

Les Puissances ont entamé entre elles des négociations préparatoires auxquelles nous avons évité de nous mêler, dans un juste sentiment de réserve et de modération. A toutes les questions qui nous ont été adressées, nous avons répondu que nous accepterions toute solution compatible avec notre sécurité et notre dignité, que les Cabinets recommanderaient à notre adoption comme propre à consolider la paix européenne.

Nous ne saurions dire trop haut combien les Puissances ont montré, dans la tâche qu'elles s'étaient imposée, d'esprit d'impartialité et de désir sincère d'arriver, par un équitable et honorable arrangement, au but de leurs efforts.

Après l'échange des ratifications, le Gouvernement publiera le texte du Traité qui vient d'être signé; mais il peut, dès à présent, en indiquer les principales dispositions.

Le préambule de cet acte diplomatique expose que le Roi des Pays-Bas, Grand-Duc de Luxembourg, prenant en considération le changement apporté à la situation du Grand-Duché par suite de la dissolution des liens qui l'attachaient à l'ancienne Confédération germanique, a invité l'Empereur d'Autriche, le Roi des Belges, l'Empereur des Français, la Reine de la Grande Bretagne, le Roi de Prusse et l'Empereur de Russie à réunir leurs Représentants en conférence à Londres, afin de s'entendre avec les Plénipotentiaires du Roi Grand-Duc sur les nouveaux arrangements à prendre dans l'intérêt général de la paix.

Les Souverains ont accepté cette invitation et ont résolu, d'un commun accord, de répondre au désir que le Roi d'Italie a manifesté de prendre part à une délibération destinée à offrir un nouveau gage de sûreté au maintien du repos général.

Le Grand-Duc a déclaré qu'il maintient les liens qui rattachent le Grand-Duché à la Maison d'Orange-Nassau; cette déclaration a été acceptée et il en a été pris acte. Le Grand-Duché a été déclaré État neutre, et sa neutralité a été placée sous la sanction de la garantie collective des Puissances signataires, à l'exception de la Belgique, qui est elle-même un État neutre.

Il a été convenu, en outre, que la ville de Luxembourg cessera d'être une ville fortifiée, et que le Roi Grand-Duc se réserve d'y entretenir le nombre de troupes nécessaire pour y veiller au maintien du bon ordre.

Le Roi de Prusse déclare, en conséquence, que ses troupes actuellement en garnison dans la forteresse recevront l'ordre de procéder à l'évacuation de la place immédiatement après l'échange des ratifications. On commencera simultanément à retirer l'artillerie et les munitions : pendant cette opération, qui s'achèvera dans le plus court délai possible, il ne restera dans la place que le nombre de troupes indispensable à la sûreté et à l'expédition du matériel de guerre.

Le Grand-Duc s'est engagé, de son côté, à prendre les mesures nécessaires afin de convertir la place en ville ouverte, au moyen d'une démolition qu'il jugera suffisante pour remplir les intentions des Puissances. Ces travaux commenceront immédiatement après le retrait de la garnison, et s'effectueront avec tous les ménagements que réclament les intérêts des habitants.

Les ratifications doivent être échangées dans l'espace de quatre semaines au maximum.

Ce Traité répond pleinement aux vues du Gouvernement français. Il fait cesser une situation créée contre nous dans de mauvais jours et maintenue depuis cinquante ans; il donne à notre frontière du nord la garantie d'un nouvel État neutre.

Il assure au Roi des Pays-Bas, Grand-Duc de Luxembourg, une entière indépendance.

Non-seulement il supprime les causes d'un conflit imminent, mais encore il donne de nouveaux gages à l'affermissement de nos bons rapports avec nos voisins et à la paix de l'Europe.

Le Gouvernement de l'Empereur pense qu'il doit se féliciter d'avoir obtenu ces résultats et d'avoir pu, en même temps, constater combien les sentiments des Puissances à notre égard se sont montrés équitables et amicaux.

8.

Il croit enfin utile de faire ressortir ce fait que, pour la première fois peut-être, la réunion d'une conférence, au lieu de suivre la guerre et de se borner à en sanctionner les résultats, a réussi à la prévenir et à conserver à l'Europe les bienfaits de la paix. Il y a là un indice précieux des tendances nouvelles qui prévalent de plus en plus dans le monde et dont tous les amis des progrès pacifiques et de la civilisation doivent se réjouir.

PROTOCOLES

CONFÉRENCES TENUES A LONDRES.

PROTOCOLE N° I.

Séance du 7 mai 1867.

Présents :

Pour l'Autriche, M. le Comte Apponyi.

Pour la Belgique, M. Van de Weyer.

Pour la France, M. le Prince de la Tour d'Auvergne.

Pour la Grande-Bretagne, Lord Stanley.

Pour l'Italie, M. le Marquis d'Azeglio.

Pour les Pays-Bas et le Grand-Duché de Luxembourg, M. le
Baron Bentinck, M. le Baron de Tornaco, M. Servais.

Pour la Prusse, M. le Comte de Bernstorff.

Pour la Russie, M. le Baron de Brunnow.

MM. les Plénipotentiaires de l'Autriche, de la Belgique, de la France, de la Grande-Bretagne, des Pays-Bas et du Grand-Duché de Luxembourg, de la Prusse et de la Russie, se sont réunis aujourd'hui en Conférence à la résidence officielle du premier lord de la Trésorerie.

M. le Comte Apponyi, à l'ouverture de la séance, propose de confier à lord Stanley la présidence de la Conférence.

Cette proposition ayant été adoptée à l'unanimité par MM. les Plénipotentiaires, lord Stanley prend la parole et dit :

« Je vous remercie de la preuve de confiance et de bienveillance que vous m'avez donnée en m'invitant à présider aux travaux de cette Conférence. J'espère que la durée de nos séances ne sera pas longue et que le résultat en sera l'établissement d'une paix durable en Europe. Vous avez presque tous sur moi l'avantage d'une longue expérience diplomatique, et je compte sur cette expérience et sur les lumières que vous voudrez bien me prêter, pour diriger nos travaux, pour éviter les longueurs inutiles et pour mener à bonne fin nos délibérations. Je me permets de proposer que la rédaction des Protocoles soit confiée à l'honorable Julian Fane, premier secrétaire de l'ambassade de Sa Majesté Britannique à Paris. »

Cette proposition ayant été acceptée par MM. les Plénipotentiaires, M. Fane est introduit.

Lord Stanley prend ensuite la parole pour exprimer la pensée que la présence au sein de la Conférence du Représentant de Sa Majesté le Roi d'Italie contribuerait au succès de ses délibérations, et il propose d'inviter M. le marquis d'Azeglio à venir assister à la présente séance.

Les autres Plénipotentiaires, s'associant à cette proposition (M. le Baron Bentinck sous la réserve que les arrangements de 1839 formeront exclusivement l'objet des délibérations de la Conférence), M. le marquis d'Azeglio est introduit et prend sa place dans la Conférence.

Là-dessus lord Stanley dit :

« Monsieur le Marquis, la Conférence réunie pour prendre en considération la position du Luxembourg a jugé que ce serait faciliter le succès de ses délibérations d'inviter le Représentant du Roi d'Italie à y prendre part. Il n'est pas nécessaire que je vous assure de la satisfaction que nous éprouvons à vous voir au milieu de nous, et en même temps je félicite la Conférence de l'avantage qu'elle retirera de la coopération de votre Gouvernement au but commun de nos travaux. »

M. le Marquis d'Azeglio répond en ces termes :

« En prenant à la Conférence ma place comme Plénipotentiaire de l'Italie, qu'il me soit permis d'adresser à M. le Ministre des Affaires étrangères quelques paroles de reconnaissance pour la manière dont il a traité cette affaire, et pour l'initiative qu'il a bien voulu prendre de notre admission à la Conférence. On a senti en Italie toute la valeur de ce procédé, non moins que de l'empressement qu'ont mis les Puissances qui prennent part à la Conférence à donner leur adhésion à cette invitation. J'aime à y voir une preuve de plus des bons rapports qui existent entre l'Italie et les principales Puissances européennes, ainsi que de leur opinion que, dans les questions européennes, il est désirable que sa voix se fasse entendre.

« Nous n'avions pas, ainsi que d'autres Puissances, des droits antérieurs pour prendre part à la Conférence. Nous le devons à une marque de déférence de leur part. Nous préférons ce titre à tous les autres. Je suis heureux de me trouver personnellement avec des collègues avec lesquels depuis des années j'ai eu d'affectueux rapports, et j'espère que nos communs efforts amèneront un résultat satisfaisant. »

Les Plénipotentiaires procèdent à la vérification de leurs pouvoirs respectifs, qui, ayant été trouvés en bonne et due forme, sont déposés aux actes de la Conférence.

Il est convenu entre MM. les Plénipotentiaires d'observer le secret sur tout ce qui se passera dans la Conférence.

Ensuite lord Stanley émet l'opinion que la Conférence ayant été réunie à l'invitation du Roi Grand-Duc de Luxembourg, MM. les Représentants du Grand-Duc seraient appelés à exposer les considérations qui ont motivé cette démarche.

M. le Baron de Tornaco affirme que sa connaissance de la marche des communications diplomatiques qui ont eu lieu récemment entre

les Grandes Puissances relativement à la question du Luxembourg
est insuffisante pour le mettre à même de répondre à cette demande.

M. le Baron Bentinck, en réponse à lord Stanley, dit que la réunion
de la Conférence ayant pour objet la révision des Traités de 1839, il
est heureux de pouvoir exprimer combien le Roi Grand-Duc a apprécié
l'empressement que toutes les Puissances avaient mis à se rendre à son
invitation de se réunir en Conférence.

Lord Stanley dit qu'il pense que la meilleure manière de procéder
serait l'examen d'un texte de Traité. C'est avec cette idée qu'il a fait
préparer un projet de Traité qu'il a déjà eu l'honneur de communiquer à MM. les Plénipotentiaires.

MM. les Plénipotentiaires du Luxembourg, arrivés de la veille à
Londres, ayant déclaré n'avoir aucune connaissance de cette pièce,
M. Fane, sur la proposition des Plénipotentiaires de la France et de
la Russie, en donne lecture à la Conférence.

Le projet de Traité se trouve annexé au présent Protocole.

M. le Plénipotentiaire de la Prusse prend la parole pour dire qu'il
n'a en général pas d'objection à faire contre le projet de Traité pré-
senté par lord Stanley, mais qu'il y remarque une omission au programme sur la base duquel son Gouvernement avait accepté l'invitation
à la Conférence, c'est-à-dire, la garantie européenne de la neutralité
du Grand-Duché de Luxembourg; que, cependant, comme toutes les
Puissances représentées dans la Conférence ont admis et accepté ce
programme, il se croit fondé à espérer qu'il sera suppléé à cette omission lors de la discussion de l'article 2.

Les Plénipotentiaires de l'Autriche, de la France, des Pays-Bas et
de la Russie constatent que, comme vient de le déclarer M. le Plénipotentiaire de la Prusse, les Puissances ont accepté comme base de
négociation la neutralité du Luxembourg sous une garantie collective.

Lord Stanley fait remarquer qu'en vertu des Traités du 19 avril
1839, le Grand-Duché de Luxembourg se trouve déjà sous la garantie
européenne. Quant aux termes qui, dans le projet de Traité qu'il a eu
l'honneur de communiquer à la Conférence, portent sur la neutralité
à établir pour le Grand-Duché de Luxembourg, ils sont identiques

avec ceux qui constatent la neutralité de la Belgique dans l'article 7 de l'annexe au Traité signé à Londres le 19 avril 1839, entre l'Autriche, la France, la Grande-Bretagne, la Prusse et la Russie d'une part, et les Pays-Bas, de l'autre part.

M. le Comte de Bernstorff fait observer que le Traité de 1839, bien qu'il place le territoire du Luxembourg sous la garantie des Puissances, n'en garantit pas la neutralité. Or la différence entre cette garantie et celle accordée à la Belgique est très-importante; et il émet l'espoir de voir donner par les Puissances à la neutralité du Luxembourg la même garantie dont jouit celle de la Belgique.

Là-dessus il est convenu entre MM. les Plénipotentiaires de procéder à l'examen du projet de traité, article par article.

Le préambule est adopté avec quelques changements de rédaction.

Sur l'article 1er, MM. les Plénipotentiaires des Pays-Bas et du Luxembourg déclarent vouloir, avant d'y donner leur adhésion, référer au Gouvernement de Sa Majesté le Roi Grand-Duc.

Sur l'article 2, M. le comte de Bernstorff propose l'amendement suivant :

Ajouter à la fin de l'article les mots : « Ce principe est et demeure placé sous la sanction de la garantie collective (ou commune) des Puissances signataires du présent Traité, à l'exception de la Belgique, qui est elle-même un État neutre. »

M. le Baron de Brunnow dit qu'il est autorisé par sa Cour à adhérer entièrement au principe de placer la neutralité du Grand-Duché de Luxembourg sous une garantie collective. Il espère que ce principe sera admis et adopté à l'unanimité, comme le meilleur gage qu'on puisse offrir au maintien de la paix de l'Europe.

M. le Comte Apponyi déclare que son Gouvernement a accepté également la neutralité garantie du Luxembourg comme base de négociation.

M. le Prince de la Tour d'Auvergne dit qu'il n'a pas, en ce qui le concerne, d'instructions spéciales relativement à la question de la garantie collective; mais qu'il est obligé de convenir que cette garantie a été présentée jusqu'ici comme le complément de la neutralisation du

Grand-Duché de Luxembourg, et, bien qu'en fait, l'engagement que prennent les Puissances de respecter la neutralité du Luxembourg ait, suivant lui, dans la situation donnée, une valeur presque égale à une garantie formelle, il ne saurait nier que M. l'Ambassadeur de Prusse ne soit fondé dans ses observations.

M. Van de Weyer, qui est également sans instructions spéciales sur ce point, émet l'opinion que, dans un large esprit de conciliation, on peut considérer la garantie de la neutralité du Luxembourg comme devant ressortir de l'ensemble des Traités conclus en 1839.

M. le Marquis d'Azeglio dit qu'il n'est pas encore autorisé par son Gouvernement à adhérer au principe de la garantie collective de la neutralité du Luxembourg. Il demandera des instructions à ce sujet.

Lord Stanley déclare qu'il préférerait l'article 2 comme il existe dans le projet de traité au même article complété par l'amendement de M. le Comte de Bernstorff. Il doit cependant constater que la grande majorité de MM. les Plénipotentiaires appuie l'idée énoncée par M. le Plénipotentiaire de la Prusse. Dans ces circonstances, il référera aux membres du Cabinet de la Reine la proposition qui a été faite, et il espère pouvoir informer la Conférence, à la prochaine séance, de la décision qui aurait été prise.

A l'occasion de la lecture de l'article 2, MM. les Plénipotentiaires du Luxembourg déclarent qu'ils ne peuvent se prononcer, dès aujourd'hui, sur toutes les dispositions du projet de traité, et qu'ils demandent à pouvoir présenter dans la prochaine séance les observations auxquelles ce projet pourrait donner lieu de leur part.

M. l'Ambassadeur de Russie a exprimé à MM. les Plénipotentiaires du Grand-Duché de Luxembourg le désir qu'ils soient en mesure de faire connaître dans le plus bref délai les intentions de leur Gouvernement; il a appuyé cette demande sur l'importance que tous les Membres de la Conférence attachent à arriver à une conclusion aussi prompte que possible, hautement réclamée par toutes les Puissances dans l'intérêt général de la paix.

M. l'Ambassadeur de France s'associe au vœu exprimé par M. le Plénipotentaire de la Russie.

Il est convenu de remettre la discussion de l'article 3 à la prochaine séance.

Il en est de même pour l'article 4, M. le Plénipotentiaire de la Prusse désirant prendre les ordres de son Gouvernement relativement aux termes de sa rédaction.

Les articles 5 et 6 ne provoquent aucune discussion.

Il est convenu que la prochaine séance de la Conférence sera tenue le jeudi, 9 mai, à une heure.

Signé APPONYI;

SYLVAIN VAN DE WEYER;

LA TOUR D'AUVERGNE;

STANLEY;

D'AZEGLIO;

BENTINCK;

Bon V. DE TORNACO;

E. SERVAIS;

BERNSTORFF;

BRUNNOW.

ANNEXE AU PROTOCOLE N° 1.

PROJET DE TRAITÉ.

PRÉAMBULE.

Sa Majesté le Roi des Pays-Bas, Grand-Duc de Luxembourg, prenant en considération le changement apporté à la situation du Grand-

Duché, par suite de la dissolution des liens qui l'attachaient à l'ancienne Confédération Germanique, a invité Leurs Majestés la Reine du Royaume-Uni de la Grande-Bretagne et d'Irlande, l'Empereur d'Autriche, le Roi des Belges, l'Empereur des Français, le Roi de Prusse, et l'Empereur de toutes les Russies, à réunir leurs Représentants en Conférence à Londres, afin de s'entendre avec les Plénipotentiaires de Sa Majesté le Roi Grand-Duc, sur les nouveaux arrangements à prendre dans l'intérêt général de la paix.

Et Leursdites Majestés, après avoir accepté cette invitation, ont résolu d'un commun accord de répondre au désir que Sa Majesté le Roi d'Italie a manifesté de prendre part à une délibération destinée à offrir un nouveau gage de sûreté au maintien du repos général.

En conséquence, Leurs Majestés, de concert avec Sa Majesté le Roi d'Italie, voulant conclure dans ce but un traité, ont nommé, pour leurs Plénipotentiaires, savoir : . . . . . .

Lesquels, après avoir échangé leurs pleins pouvoirs, trouvés en bonne et due forme, sont convenus des articles suivants :

ARTICLE PREMIER.

Sa Majesté le Roi des Pays-Bas, Grand-Duc de Luxembourg, maintient les liens qui attachent ledit Grand-Duché à la Maison d'Orange-Nassau, en vertu des traités qui ont placé cet État sous la souveraineté de Sa Majesté le Roi Grand-Duc, ses descendants et successeurs.

Les Hautes Puissances contractantes acceptent la présente déclaration et en prennent acte.

ART. 2.

Le Grand-Duché de Luxembourg, dans les limites déterminées par l'acte annexé aux traités du 19 avril 1839, sous la garantie des Cours de la Grande-Bretagne, d'Autriche, de France, de Prusse et de Russie, formera désormais un État perpétuellement neutre.

Il sera tenu d'observer cette même neutralité envers tous les autres États.

Les Hautes Parties contractantes s'engagent à respecter le principe
de neutralité stipulé par le présent article.

ART. 3.

Le Grand-Duché de Luxembourg étant neutralisé, aux termes de
l'article précédent, le maintien ou l'établissement de places fortes sur
son territoire devient sans nécessité comme sans objet.

En conséquence, il est convenu d'un commun accord que la ville de
Luxembourg considérée par le passé, sous le rapport militaire, comme
forteresse fédérale, cessera d'être ville fortifiée, et restera uniquement
le chef-lieu de l'administration civile du pays.

Sa Majesté le Roi Grand-Duc promet de n'entretenir dorénavant
dans cette ville que le nombre de troupes nécessaires pour y veiller au
maintien du bon ordre.

ART. 4.

Conformément aux stipulations contenues dans les articles 2 et 3,
Sa Majesté le Roi de Prusse déclare que ses troupes actuellement en
garnison dans la forteresse de Luxembourg recevront l'ordre d'évacuer
cette place dans un délai de......... que Sa Majesté a jugé suffisant pour retirer de ladite forteresse le matériel de guerre y contenu.
Le délai susmentionné comptera du jour de.............

ART. 5.

Sa Majesté le Roi Grand-Duc, en vertu des droits de souveraineté
qu'il exerce sur la ville et forteresse de Luxembourg, s'engage de son
côté à prendre les mesures nécessaires, afin de convertir ladite place
en ville ouverte, au moyen d'une démolition que Sa Majesté jugera
suffisante pour remplir les intentions des Hautes Parties contractantes
exprimées dans l'article 3 du présent Traité. Les travaux requis à ce
effet commenceront immédiatement après la retraite de la garnison

Sa Majesté le Roi Grand-Duc promet en outre que les fortifications de la ville de Luxembourg ne seront pas rétablies à l'avenir et
qu'il n'y sera maintenu ni créé aucun établissement militaire.

ART. 6.

Le présent Traité sera ratifié et les ratifications en seront échangées
à Londres dans l'espace de........ semaines, ou plus tôt si faire
se peut.

En foi de quoi, les Plénipotentiaires respectifs l'ont signé et y ont
apposé le sceau de leurs armes.

PROTOCOLE N° II.

Séance du 9 mai 1867.

Présents :

Les Plénipotentiaires de l'Autriche;

de la Belgique;

de la France;

de la Grande-Bretagne;

de l'Italie;

des Pays-Bas et du Grand-Duché de
Luxembourg;

de la Prusse;

de la Russie.

M. le Plénipotentiaire de l'Italie annonce à la Conférence qu'ayant
demandé les instructions de son Gouvernement, il est autorisé à

adhérer au principe de placer la neutralité du Grand-Duché de Luxembourg sous une garantie collective.

Lord Stanley, se référant à la déclaration qu'il a faite à la dernière séance, dit que le Gouvernement de Sa Majesté Britannique ayant pris en considération le désir unanime des autres Puissances, et ne voulant pas s'opposer à la stipulation qui seule paraît offrir une garantie sûre au maintien de la paix de l'Europe, adhère aussi au principe de placer le Grand-Duché de Luxembourg sous une garantie collective. Il accepte par conséquent l'amendement proposé par M. le Plénipotentiaire de la Prusse à l'article 2 du projet de Traité.

M. le Plénipotentiaire de la Prusse exprime la satisfaction avec laquelle il a entendu la déclaration que vient de faire Lord Stanley. Il est convaincu que l'Europe saura gré au Gouvernement de Sa Majesté Britannique des dispositions conciliantes qui ont motivé son adhésion aux désirs des autres Puissances.

MM. les Plénipotentiaires s'associent unanimement à cette déclaration de M. l'Ambassadeur de Prusse.

M. le Plénipotentiaire de la Belgique fait observer qu'il avait déjà constaté à cette occasion que la neutralité de la Belgique est placée à un autre titre sous la garantie de chacune des Puissances signataires des Traités de 1839.

M. le Baron Bentinck exprime le désir d'ajouter, après le mot « successeurs, » à l'article 1er du projet de Traité ces paroles :

« Les droits que possèdent les Agnats de la Maison de Nassau sur la succession du Grand-Duché, en vertu des mêmes Traités, sont maintenus. »

Cet amendement est approuvé à l'unanimité.

L'article 2 ayant été complété par l'amendement proposé par M. l'Ambassadeur de Prusse, M. le Baron de Tornaco exprime le désir d'y introduire un paragraphe pour sauvegarder les droits commerciaux du Grand-Duché et sa faculté de conclure avec un État voisin une union douanière.

M. l'Ambassadeur de Prusse croit que la question soulevée par M. le Baron de Tornaco est étrangère au sujet des délibérations de la

Conférence. Il est d'avis que l'article dont il s'agit ne porte aucune atteinte ni au Traité d'union douanière qui existe déjà, ni en général aux droits commerciaux du Grand-Duché.

MM. les Plénipotentiaires de l'Autriche, de la France et de la Russie sont également d'avis que la neutralité dont parle le projet de Traité est une neutralité essentiellement militaire, et qu'il n'y a rien dans les dispositions de l'article 2 qui s'oppose à la faculté du Grand-Duché de conclure un Traité de commerce avec un État voisin.

Là-dessus, M. le Baron de Tornaco se déclare prêt à retirer l'amendement qu'il a proposé, considérant les opinions émises comme donnant à l'article 2 une interprétation satisfaisante, et cet article est adopté.

M. l'Ambassadeur de Russie croirait utile de modifier la rédaction du dernier paragraphe de l'article 3. Les termes dans lesquels il est conçu sembleraient imposer aux droits de Sa Majesté le Roi Grand-Duc une certaine restriction en limitant le nombre de troupes que le Gouvernement grand-ducal entretiendrait dans la ville de Luxembourg. Cette restriction semblerait contraire aux intérêts des habitants de la ville. D'après ces considérations, M. le Baron de Brunnow propose de substituer au texte actuel la rédaction suivante :

« Sa Majesté le Roi Grand-Duc se réserve d'entretenir dans cette ville le nombre de troupes nécessaires pour y veiller au maintien du bon ordre. »

M. le Baron de Tornaco fait observer que l'exécution de l'article 3 occasionnerait à la ville de Luxembourg d'immenses préjudices. Il est d'avis qu'il serait équitable qu'une compensation fût procurée aux habitants dont les intérêts seraient compromis. Il croit que les mots, « et restera uniquement le chef-lieu de l'administration civile du pays, » pourraient être retranchés, puisqu'il y aurait toujours une administration militaire dans le Grand-Duché, quoique les troupes qu'il possède soient peu nombreuses, et il n'y a pas de motif pour défendre que le siége en soit à Luxembourg. Quant au dernier paragraphe, il désire le voir modifier dans le sens indiqué par M. le Plénipotentiaire de la Russie.

On fait observer à M. le Baron de Tornaco que les mots qu'il vient d'indiquer comme pouvant être retranchés ont déjà été supprimés à la rédaction du texte.

Lord Stanley croit devoir exprimer son opinion que la question d'une compensation à accorder aux habitants de la ville de Luxembourg ne peut être posée dans la Conférence.

M. le Comte de Bernstorff s'associe à l'opinion énoncée par lord Stanley.

M. le Baron de Brunnow exprime la conviction que les habitants de la ville de Luxembourg pourront compter sur les bonnes dispositions de Sa Majesté le Roi Grand-Duc à sauvegarder le plus possible leurs intérêts dans l'exécution des stipulations du Traité.

Les autres plénipotentiaires déclarent partager la conviction que vient d'exprimer M. le Baron de Brunnow.

L'article 3 est adopté avec l'amendement proposé par M. le Plénipotentiaire de la Russie.

Sur l'article 4, M. le Comte de Bernstorff annonce à la Conférence qu'il n'a pas encore reçu de son Gouvernement les ordres nécessaires pour le mettre à même de remplir les lacunes qui s'y trouvent par des dates précises; mais il a tout lieu de croire qu'on ne mettra au retrait des troupes prussiennes et du matériel de guerre qui se trouvent actuellement dans la forteresse de Luxembourg que le délai strictement nécessaire pour l'effectuer.

M. le Baron de Brunnow croit devoir exprimer le désir que ce délai soit aussi bref que possible, et que Sa Majesté le Roi de Prusse daigne satisfaire aux vœux de l'Europe en facilitant la solution la plus prompte de cette question.

Il est convenu de réserver la rédaction du texte de l'article 4 à la prochaine séance.

Sur l'article 5, M. le Baron de Brunnow propose d'ajouter aux paroles : « les travaux requis à cet effet commenceront immédiatement après la retraite de la garnison, » les paroles : « ils s'effectueront avec tous les ménagements que réclament les intérêts des habitants de la ville. » Il croit, d'après les représentations qui lui ont été faites, que, cet amendement sera propre à calmer les inquiétudes des personnes dont les intérêts pourraient être menacés.

M. le Baron de Tornaco dit que la démolition de la forteresse inquiète de nombreux intérêts. Les dépenses que le démantèlement de la forteresse occasionnera seront très-considérables, et il ne croit pas que cette dépense, qu'on peut considérer comme étant faite dans l'intérêt commun des parties contractantes, doive être supportée par le Grand-Duché. Il propose d'ajouter après les paroles : « les travaux requis à cet effet commenceront immédiatement après la retraite de la garnison, » une stipulation conçue dans les termes suivants : « Les dépenses qu'ils occasionneront seront supportées par les Hautes Parties contractantes. »

Lord Stanley émet l'opinion que la stipulation proposée par M. le Baron de Tornaco ne saurait être acceptée par les Puissances. De sa part, il n'hésite pas à la déclarer inadmissible.

M. le Comte de Bernstorff s'associe à l'opinion de Lord Stanley, et en même temps donne son adhésion à l'amendement proposé par M. le Baron de Brunnow.

M. le Prince de la Tour d'Auvergne dit qu'il trouve la proposition de M. le Baron de Brunnow propre à satisfaire aux vœux exprimés par M. le Baron de Tornaco et y donne également son adhésion.

L'article 5 est adopté avec l'amendement proposé par M. le Plénipotentiaire de la Russie.

L'article 6 est adopté avec un texte qui fixe à quatre semaines le délai dans lequel les ratifications du Traité seront échangées à Londres.

M. le Baron Bentinck présente à la Conférence un Projet de Déclaration concernant les rapports entre le Luxembourg et le Limbourg, qui est conçu dans ces termes :

« Les Puissances signataires du présent Traité constatent que, la dissolution de la Confédération germanique ayant également amené la dissolution des liens qui unissaient le Duché de Limbourg, collectivement avec le Grand-Duché de Luxembourg, à ladite Confédération, il en résulte que les rapports dont il est fait mention aux articles 3 4 et 5 du Traité du 19 avril 1839, entre le Grand-Duché et certains territoires appartenant au Duché de Limbourg, ont cessé d'exister, lesdits territoires continuant à faire partie intégrante du Royaume des Pays-Bas. »

Il demande que cette pièce soit annexée au Traité, ou comme article additionnel, ou sous une autre forme dont on conviendrait.

M. le Plénipotentiaire de la Prusse, ayant pris connaissance de cette pièce, dit qu'il n'a pas d'objection à faire à la demande de M. le Baron Bentinck.

M. le Plénipotentiaire de l'Autriche appuie la demande que vient de faire M. le Plénipotentiaire des Pays-Bas.

Cette demande est également agréée par MM. les Plénipotentiaires de la Belgique, de la France, de la Grande-Bretagne et de l'Italie, et la Conférence décide que la pièce présentée par M. le Baron Bentinck sera annexée au Traité.

MM. les Plénipotentiaires procèdent ensuite à parafer le projet de Traité avec les amendements adoptés, sauf l'article 4, dont la rédaction est réservée.

La prochaine séance est fixée à vendredi, le 10 mai, à une heure.

(Suivent les signatures.)

PROTOCOLE N° III.

Séance du 10 mai 1867.

Présents :

Les Plénipotentiaires de l'Autriche;

            de la Belgique;

            de la France;

            de la Grande-Bretagne;

            de l'Italie;

Les Plénipotentiaires des Pays-Bas et du Grand-Duché de
Luxembourg;
de la Prusse;
de la Russie.

Le protocole de la première séance est lu et approuvé.

Sur la proposition de MM. les Plénipotentiaires de la France et de
la Prusse, il est décidé de remettre la rédaction du texte de l'article 4
à la prochaine séance.

MM. les Plénipotentiaires conviennent que la déclaration concernant les rapports entre le Luxembourg et le Limbourg, présentée à la
séance d'hier par M. le Baron Bentinck, formera l'article 6 du Projet
de Traité, et y apposent leurs parafes.

M. le Plénipotentiaire des Pays-Bas dit que, d'après le désir de son
Gouvernement, il lui serait agréable qu'il fût inséré au protocole que
les obligations que le Roi Grand-Duc a contractées pour le Luxembourg, en sa qualité de Grand-Duc, concernent exclusivement le Gouvernement du Grand-Duché, et que le Gouvernement néerlandais y
est, et désire y rester, complétement étranger.

Sur l'invitation de Lord Stanley, qui résume les observations faites
par plusieurs membres de la Conférence, et particulièrement par
M. l'Ambassadeur de Prusse, M. le Baron Bentinck constate qu'il
demande uniquement que cette déclaration soit insérée au protocole
sans inviter MM. les Plénipotentiaires à émettre une opinion à son
égard.

Il est convenu que la prochaine séance aura lieu le samedi, 11 mai,
à 5 heures.

(Suivent les signatures.)

PROTOCOLE N° IV.

Séance du 11 mai 1867.

Présents :

Les Plénipotentiaires de l'Autriche ;

               de la Belgique ;

               de la France ;

               de la Grande-Bretagne ;

               de l'Italie ;

               des Pays-Bas et du Grand-Duché de Luxem-
                     bourg ;

               de la Prusse ;

               de la Russie.

Les protocoles des deuxième et troisième séances sont lus et approuvés.

M. le Plénipotentiaire de la Belgique demande qu'il soit bien entendu que l'article 3 du projet de Traité ne porte point atteinte aux droits des autres Puissances neutres de conserver et, au besoin, d'améliorer leurs places fortes et autres moyens de défense.

Cette demande est adoptée à l'unanimité, et il est convenu qu'une Déclaration à cet effet sera revêtue de la signature des Plénipotentiaires des Puissances représentées à la Conférence.

En se référant au terme fixé par l'article 7 pour l'échange des ratifications, MM. les Plénipotentiaires du Luxembourg font observer que, d'après la Constitution du Grand-Duché, l'assentiment des États est nécessaire pour la ratification du Traité ; mais ils constatent qu'il n'y aura pas de difficulté à convoquer les États en session extraordinaire pour l'accomplissement de cet acte.

Lord Stanley prend ensuite la parole et dit :

« Messieurs, nous sommes tombés maintenant d'accord sur tous les paragraphes du projet de Traité, à l'exception de l'article 4. Quant à cet article, je tiens entre les mains un texte de rédaction qui réunira, j'ai lieu de le croire, les suffrages de tous les Plénipotentiaires. J'ai l'honneur de vous le proposer, conçu dans ces termes :

« Conformément aux stipulations contenues dans les articles 2 et 3, Sa Majesté le Roi de Prusse déclare que ses troupes actuellement en garnison dans la forteresse de Luxembourg recevront l'ordre de procéder à l'évacuation de cette place immédiatement après l'échange des ratifications du présent Traité. On commencera simultanément à retirer l'artillerie, les munitions, et tous les objets qui font partie de la dotation de ladite place forte. Durant cette opération, il n'y restera que le nombre de troupes nécessaire pour veiller à la sûreté du matériel de guerre, et pour en effectuer l'expédition, qui s'achèvera dans le plus bref délai possible. »

MM. les Plénipotentiaires adoptent à l'unanimité l'article 4 ainsi rédigé, et y apposent leurs parafes.

Le projet de Traité, composé des sept articles parafés par MM. les membres de la Conférence, ayant été revêtu de la forme de Traité, collationné sur l'instrument parafé, et trouvé en due forme, un seul exemplaire de cet Acte (celui de la Grande-Bretagne) est signé par MM. les Plénipotentiaires, qui en même temps apposent leurs parafes à la Déclaration proposée par M. Van de Weyer, qui est conçue dans les termes suivants :

« Il est bien entendu que l'article 3 ne porte point atteinte au droit des autres Puissances neutres de conserver et, au besoin, d'améliorer leurs places fortes et autres moyens de défense. »

Il est convenu que MM. les membres de la Conférence se réuniront lundi prochain, à trois heures, pour signer les autres exemplaires du Traité et apposer à tous le sceau de leurs armes.

Le Baron de Brunnow s'exprime en ces termes :

« A titre de doyen d'âge, je vous demande la permission, Messieurs, de prendre la parole pour remercier notre Président des témoignages de confiance et d'égards qu'il a bien voulu nous offrir durant le cours de nos délibérations. En exprimant ce sentiment en votre nom, je suis certain d'obtenir votre approbation unanime. Dans cette conviction, je remplis un devoir agréable en priant Lord Stanley d'être bien persuadé que nous aimons à reconnaître l'assistance qu'il nous a si cordialement prêtée pour conduire nos travaux à une conclusion favorable, — résultat pacifique que toutes les Puissances de l'Europe ont appelé de leurs vœux. »

MM. les Plénipotentiaires s'associent avec empressement aux sentiments exprimés par M. l'Ambassadeur de la Russie, dont il est convenu, sur la proposition de M. le Plénipotentiaire de la Belgique, de citer les paroles dans le Protocole.

Lord Stanley dit :

« Messieurs, je suis très-sensible à l'honneur que vous voulez bien me faire en vous associant aux sentiments de bienveillance envers moi qui ont trouvé dans les paroles de M. de Brunnow une si gracieuse expression. Si le résultat de nos travaux a répondu à nos espérances, il est dû, Messieurs, aux bonnes et conciliantes dispositions qui ont été témoignées de toutes parts et au concours que vous m'avez prêté pour mener nos délibérations à bonne et heureuse fin. Je vous félicite sincèrement d'avoir atteint le but proposé à vos efforts, et j'espère que chacun de nous aura lieu de se réjouir de la part qu'il a prise à l'œuvre que nous venons d'accomplir. »

(Suivent les signatures.)

ANNEXE AU PROTOCOLE N° IV.

DÉCLARATION.

Il est bien entendu que l'article 3 ne porte point atteinte au droit des autres Puissances neutres de conserver et, au besoin, d'améliorer leurs places fortes et autres moyens de défense

Fait à Londres, le 11 mai 1867.

Signé STANLEY.

APPONYI.

VAN DE WEYER.

LA TOUR D'AUVERGNE.

D'AZEGLIO.

BENTINCK.

TORNACO.

E. SERVAIS.

BERNSTORFF.

BRUNNOW.

PROTOCOLE N° V.

Séance du 13 mai 1867.

Présents :

Les Plénipotentiaires de l'Autriche;

de la Belgique;

de la France;

de la Grande-Bretagne;

de l'Italie;

des Pays-Bas et du Grand-Duché de Luxembourg;

de la Prusse;

de la Russie.

Le Protocole de la quatrième séance est lu et approuvé.

MM. les Plénipotentiaires procèdent à collationner les divers exemplaires du Traité et de la Déclaration proposée par M. le Plénipotentiaire de la Belgique, sur les instruments signés et parafés par eux dans la précédente séance, et les ayant trouvés en due forme, ils y apposent leur signature, et à chaque exemplaire du Traité le sceau de leurs armes.

M. le Baron de Brunnow prend la parole et dit : « Je demande à MM. les Plénipotentiaires réunis en Conférence la permission d'offrir en leur nom à M. Fane leurs remercîments, et de lui exprimer combien ils apprécient le zèle et le talent avec lesquels il a rempli les fonctions que M. le Président a bien voulu lui confier. »

MM. les Plénipotentiaires donnent leur adhésion unanime aux paroles de M. l'Ambassadeur de Russie et en décident l'insertion au Protocole.

Le présent Protocole est lu et approuvé.

(Suivent les signatures.)

PROCÈS-VERBAL D'ÉCHANGE.

Les soussignés Plénipotentiaires se sont réunis pour procéder à l'échange des ratifications du Traité relatif au Grand-Duché de Luxembourg, conclu entre Leurs Majestés la Reine du Royaume-Uni de la Grande-Bretagne et d'Irlande, l'Empereur d'Autriche, Roi de Hongrie et de Bohême, le Roi des Belges, l'Empereur des Français, le Roi d'Italie, le Roi des Pays-Bas Grand-Duc de Luxembourg, le Roi de Prusse et l'Empereur de toutes les Russies, et signé à Londres, le onze mai de la présente année.

Les instruments de ratification dudit Traité ayant été produits, et ayant été, après examen, trouvés en bonne et due forme, l'échange en a été effectué dans les formes usitées.

Il a été convenu en même temps que la Déclaration mentionnée dans le Protocole n° 4, du 11 mai, resterait annexée audit Protocole.

En foi de quoi, les soussignés ont dressé le présent procès-verbal et y ont apposé le sceau de leurs armes.

Fait à Londres, le trente et un mai, l'an de grâce mil huit cent soixante-sept.

Signé (*L. S.*) STANLEY.

(*L. S.*) APPONYI.

(*L. S.*) VAN DE WEYER.

(*L. S.*) LA TOUR D'AUVERGNE.

(*L. S.*) D'AZEGLIO.

(*L. S.*) BENTINCK.

(*L. S.*) E. SERVAIS.

(*L. S.*) BERNSTORFF.

(*L. S.*) BRUNNOW.

TRAITÉ RELATIF AU GRAND-DUCHÉ DE LUXEMBOURG, SIGNÉ À LONDRES LE 11 MAI 1867.

(Les ratifications en ont été échangées à Londres le 31 mai 1867.)

AU NOM DE LA TRÈS-SAINTE ET INDIVISIBLE TRINITÉ.

Sa Majesté le Roi des Pays-Bas, Grand-Duc de Luxembourg, prenant en considération le changement apporté à la situation du Grand-Duché par suite de la dissolution des liens qui l'attachaient à l'ancienne Confédération germanique, a invité Leurs Majestés l'Empereur des Français, la Reine du Royaume Uni-de la Grande-Bretagne et d'Irlande, l'Empereur d'Autriche, le Roi des Belges, le Roi de Prusse et l'Empereur de toutes les Russies, à réunir leurs représentants en Conférence à Londres, afin de s'entendre, avec les Plénipotentiaires de Sa Majesté le Roi Grand-Duc, sur les nouveaux arrangements à prendre dans l'intérêt général de la paix.

Et Leursdites Majestés, après avoir accepté cette invitation, ont résolu d'un commun accord de répondre au désir que Sa Majesté le Roi d'Italie a manifesté de prendre part à une délibération destinée à offrir un nouveau gage de sûreté au maintien du repos général.

En conséquence, Leurs Majestés, de concert avec Sa Majesté le Roi d'Italie, voulant conclure dans ce but un Traité, ont nommé pour leurs Plénipotentiaires, savoir :

Sa Majesté l'Empereur des Français, le sieur Godefroy-Bernard-Henri-Alphonse, Prince de la Tour d'Auvergne Lauraguais, son ambassadeur extraordinaire et plénipotentiaire près Sa Majesté Britannique, grand officier de son ordre impérial de la Légion d'honneur, grand-croix de l'ordre de Saxe-Cobourg et Gotha, grand-croix de l'ordre de l'Aigle rouge de Prusse, etc. etc.;

Sa Majesté l'Empereur d'Autriche, Roi de Hongrie et de Bohême, le sieur Rodolphe comte Apponyi, chambellan, conseiller intime de Sa Majesté Impériale et Royale apostolique, son ambassadeur extraordinaire près Sa Majesté Britannique, chevalier de l'ordre de la Toison d'Or, grand-croix de l'ordre impérial de Léopold;

Sa Majesté le Roi des Belges, le sieur Sylvain Van de Weyer, ministre d'État, son envoyé extraordinaire et ministre plénipotentiaire près sa Majesté Britannique, grand-cordon de son ordre de Léopold, décoré de la Croix de Fer, grand-croix de l'ordre des Saints Maurice et Lazare d'Italie, grand-cordon de l'ordre de Charles III d'Espagne, grand-croix de l'ordre de la Tour et de l'Épée de Portugal, grand-croix de l'ordre de la Branche Ernestine de la Maison de Saxe, commandeur de l'ordre de la Légion d'honneur de France;

Sa Majesté la Reine du Royaume-Uni de la Grande-Bretagne et d'Irlande, le très-honorable Edward Stanley, lord Stanley, conseiller de Sa Majesté Britannique en son Conseil privé, membre du Parlement, son principal secrétaire d'État pour les Affaires étrangères;

Sa Majesté le Roi d'Italie, le sieur Emmanuel Taparelli de Legnasco, marquis d'Azeglio, son envoyé extraordinaire et ministre plénipotentiaire près Sa Majesté Britannique, grand-croix de l'ordre des Saints Maurice et Lazare;

Sa Majesté le Roi des Pays-Bas, Grand-Duc de Luxembourg, le sieur Adolphe, baron Bentinck, son chambellan et ministre d'État, son envoyé extraordinaire et ministre plénipotentiaire près Sa Majesté Britannique, commandeur de son ordre du Lion néerlandais, chevalier grand-croix de l'ordre de la Couronne de chêne; le baron Victor de Tornaco, ministre d'État, président du gouvernement du Grand-Duché, son chambellan honoraire, grand-croix de son ordre de la Couronne de chêne, grand-cordon de l'ordre de Léopold de Belgique, chevalier de l'ordre de la Couronne de Prusse de première classe, commandeur de l'ordre impérial de la Légion d'honneur, chevalier de l'ordre du Lion néerlandais, etc.; et le sieur Emmanuel Servais, vice-président du Conseil d'État et de la Cour supérieure de justice, ancien membre du gouvernement, grand officier de l'ordre de la Couronne de chêne, chevalier de l'ordre de l'Aigle rouge de Prusse de seconde classe avec l'étoile, et chevalier de l'ordre du Lion néerlandais;

Sa Majesté le Roi de Prusse, le sieur Albert, comte de Bernstorff-Stintenburg, son ministre d'État et chambellan, son ambassadeur extraordinaire et plénipotentiaire près Sa Majesté Britannique, grand-croix de son ordre de l'Aigle rouge avec des feuilles de chêne et grand commandeur de son ordre de la Maison royale de Hohenzollern en diamants, grand-croix de l'ordre ducal de la Branche Ernestine de la Maison de Saxe et de l'ordre impérial de la Légion d'honneur de France, chevalier de l'ordre impérial de Saint-Stanislas de Russie de première classe, grand-croix de l'ordre royal du Mérite civil de la Couronne de Bavière, de l'ordre impérial du Lion et du Soleil de Perse avec le grand cordon vert, de l'ordre royal et militaire du Christ de Portugal, etc.

Et Sa Majesté l'Empereur de toutes les Russies, le sieur Philippe, baron de Brunnow, son conseiller privé actuel, ambassadeur extra-ordinaire et plénipotentiaire près Sa Majesté Britannique, chevalier des ordres de Russie, grand-croix de l'ordre impérial de la Légion d'honneur, de l'Aigle rouge de Prusse de première classe, grand-croix de l'ordre du Lion néerlandais, et commandeur de l'ordre de Saint-Étienne d'Autriche, etc. etc.

Lesquels, après avoir échangé leurs pleins pouvoirs, trouvés en
bonne et due forme, sont convenus des articles suivants :

ARTICLE PREMIER.

Sa Majesté le Roi des Pays-Bas, Grand-Duc de Luxembourg, maintient les liens qui attachent ledit Grand-Duché à la maison d'Orange-
Nassau, en vertu des Traités qui ont placé cet État sous la souveraineté de Sa Majesté le Roi Grand-Duc, ses descendants et successeurs.

Les droits que possèdent les Agnats de la Maison de Nassau sur la
succession du Grand-Duché, en vertu des mêmes Traités, sont maintenus.

Les Hautes Parties contractantes acceptent la présente Déclaration
et en prennent acte.

ART. 2.

Le Grand-Duché de Luxembourg, dans les limites déterminées par
l'Acte annexé aux Traités du 19 avril 1839 sous la garantie des Cours
de France, d'Autriche, de la Grande-Bretagne, de Prusse, et de
Russie, formera désormais un État perpétuellement neutre.

Il sera tenu d'observer cette même neutralité envers tous les autres
États.

Les Hautes Parties contractantes s'engagent à respecter le principe
de neutralité stipulé par le présent article.

Ce principe est et demeure placé sous la sanction de la garantie
collective des Puissances signataires du présent Traité, à l'exception de
la Belgique, qui est elle-même un État neutre.

ART. 3.

Le Grand-Duché de Luxembourg étant neutralisé, aux termes de
l'article précédent, le maintien ou l'établissement de places fortes sur
son territoire devient sans nécessité comme sans objet.

En conséquence, il est convenu d'un commun accord que la ville de
Luxembourg, considérée par le passé, sous le rapport militaire, comme
forteresse fédérale, cessera d'être une ville fortifiée.

Sa Majesté le Roi Grand-Duc se réserve d'entretenir dans cette ville
le nombre de troupes nécessaire pour y veiller au maintien du bon
ordre.

ART. 4.

Conformément aux stipulations contenues dans les articles 2 et 3,
Sa Majesté le Roi de Prusse déclare que ses troupes actuellement en
garnison dans la forteresse de Luxembourg recevront l'ordre de procéder à l'évacuation de cette place immédiatement après l'échange
des ratifications du présent Traité. On commencera simultanément
à retirer l'artillerie, les munitions, et tous les objets qui font partie
de la dotation de ladite place forte. Durant cette opération, il n'y
restera que le nombre de troupes nécessaire pour veiller à la sûreté
du matériel de guerre et pour en effectuer l'expédition, qui s'achèvera
dans le plus bref délai possible.

ART. 5.

Sa Majesté le Roi Grand-Duc, en vertu des droits de souveraineté
qu'il exerce sur la ville et forteresse de Luxembourg, s'engage de son
côté à prendre les mesures nécessaires afin de convertir ladite place
forte en ville ouverte, au moyen d'une démolition que Sa Majesté
jugera suffisante pour remplir les intentions des Hautes Parties contractantes exprimées dans l'article 3 du présent Traité. Les travaux
requis à cet effet commenceront immédiatement après la retraite de
la garnison. Ils s'effectueront avec tous les ménagements que réclament
les intérêts des habitants de la ville.

Sa Majesté le Roi Grand-Duc promet, en outre, que les fortifications
de la ville de Luxembourg ne seront pas rétablies à l'avenir, et qu'il
n'y sera maintenu ni créé aucun établissement militaire.

ART. 6.

Les Puissances signataires du présent Traité constatent que, la dissolution de la Confédération Germanique ayant également amené la
dissolution des liens qui unissaient le Duché de Limbourg, collective-

ment avec le Grand-Duché de Luxembourg, à ladite Confédération, il en résulte que les rapports dont il est fait mention aux articles 3, 4 et 5 du Traité du 19 avril 1839, entre le Grand-Duché et certains territoires appartenant au Duché de Limbourg, ont cessé d'exister, lesdits territoires continuant à faire partie intégrante du Royaume des Pays-Bas.

ART. 7.

Le présent Traité sera ratifié, et les ratifications en seront échangées à Londres dans l'espace de quatre semaines, ou plus tôt si faire se peut.

En foi de quoi, les Plénipotentiaires respectifs l'ont signé, et y ont apposé le sceau de leurs armes.

Fait à Londres, le onze mai, l'an de grâce mil huit cent soixante-sept.

(*L. S.*) LA TOUR D'AUVERGNE.
(*L. S.*) APPONYI.
(*L. S.*) VAN DE WEYER.
(*L. S.*) STANLEY.
(*L. S.*) D'AZEGLIO.
(*L. S.*) BENTINCK.
(*L. S.*) TORNACO.
(*L. S.*) E. SERVAIS.
(*L. S.*) BERNSTORFF.
(*L. S.*) BRUNNOW.